Jutta von der Lühe

Deutsch Aufsatz

7./8. Schuljahr

TRAINING

Klett Lernen und Wissen

Bibliographische Information Der Deutschen Bibliothek
Die Deutsche Bibliothek verzeichnet diese Publikation in der Deutschen Nationalbibliographie; detaillierte bibliographische Daten sind im Internet über http://dnb.ddb.de abrufbar.

Auflage 4. 3. 2. 1. | 2010 2009 2008 2007
Die letzten Zahlen bezeichnen jeweils die Auflage und das Jahr des Druckes.
Überarbeitete Auflage nach der neuesten Rechtschreibreform 2006.
Ausnahmen bilden Texte, bei denen künstlerische, philologische oder lizenzrechtliche oder andere Gründe einer Änderung entgegenstehen.

Internetadresse: www.klett.de
Zeichnungen: S. 5, 10, 33, 61, 69, 73, 81, 97: Naomi Fearn, Berlin;
S. 38, 41, 64: Andreas Florian, Lübeck
Umschlaggestaltung: VIER FÜR TEXAS Ideenwerk, Frankfurt/Main
Satz: Klaus Bauer, Bondorf
Reproduktion: Meyle + Müller, Medien-Management, Pforzheim
Druck: Gulde-Druck GmbH, Tübingen
Printed in Germany.
ISBN-13: 978-3-12-927107-0

9 783129 271070

1 Berichten

2 Beschreiben

3 Argumentieren

Alle Tests auf einen Blick

Berichten

ES IST HEISS. DA WÜRDE UNS EIN EIS ABKÜHLEN.
ANDERERSEITS HÄTTE ICH AUCH LUST AUF EINE KALTE SÜSSIGKEIT. DAS SPRICHT FÜR EIN EIS
?
WAS MACHT IHR DENN?
sei stark
WIR ERÖRTERN OB WIR UNS EIN EIS KAUFEN
ABER BEI EINER ERÖRTERUNG MUSS MAN DOCH DAS FÜR UND WIDER ABWÄGEN
UNS FÄLLT KEIN ARGUMENT DAGEGEN EIN.

1 Berichten

1.1 Start

1

Entscheide dich für die richtigen Aussagen. Die dazugehörenden Buchstaben ergeben ein Lösungswort.

1. Wenn du einen Bericht schreibst, möchtest du
a) jemandem einen Sachverhalt schildern K
b) jemanden über einen Sachverhalt informieren S
c) über einen Sachverhalt informieren und ihn bewerten A

2. Beim Inhalt des Berichts
a) beschränkst du dich auf die wesentlichen Fakten U
b) achtest du auf Ausführlichkeit T
c) hältst du dich an die Beantwortung der W-Fragen P

3. Du vermeidest
a) persönliche Meinungen E
b) wörtliche Rede R
c) Fachbegriffe L

4. Deine Formulierungen sind
a) anschaulich und bildhaft E
b) knapp und genau S
c) sachlich und eindeutig T

5. Als Zeitformen verwendest du überwiegend
a) Präsens und Futur R
b) Präteritum und Plusquamperfekt A
c) Perfekt und Plusquamperfekt P

6. Zu den berichtenden Texten gehört
a) das Protokoll R
b) die Meldung über einen Unfall K
c) der Kommentar R

Lösungswort: ______________________

2

Stelle fest, bei welchen der folgenden Aussagen berichtet wird.

a) Das war einfach gemein, dass der Fahrer nicht angehalten hat!

b) Den Audi kann man leicht wiedererkennen, er war pinkfarben und schon ziemlich alt.

c) Als Kevin auf der Mitte des Zebrastreifens war, kam der Wagen mit hoher Geschwindigkeit herangefahren.

d) Aber Kevin hat auch selbst Schuld: Seitdem er seinen iPod hat, hört und sieht er nichts mehr um sich herum.

e) Kevin prallte gegen das Heck und fiel auf den Zebrastreifen. Ein Motorradfahrer konnte rechtzeitig halten und half Kevin auf die Beine.

1.2 Über ein persönliches Erlebnis berichten

Situation

In diesem Schuljahr wird die 8b eine Klassenfahrt in das Voralpengebiet unternehmen. Es gibt ein vielfältiges Programm: der Besuch eines Klettergartens, eine Floßfahrt und natürlich auch Bergtouren. Die Schüler haben die Aufgabe, eine Mappe anzulegen, in der sie über die Ereignisse und ihre Eindrücke berichten.

Merkmale eines Erlebnisberichts

Wenn du über ein persönliches Erlebnis berichtest, also z. B. über eine Reise oder eine Veranstaltung, möchtest du den Leser nicht nur über **den reinen Sachverhalt** informieren, sondern ihm auch deine **persönlichen Eindrücke** vermitteln.

Diese Erfahrungen werden aber nicht wie in einer Erlebniserzählung ausführlich und anschaulich vermittelt, sondern **sachlich und knapp** dargestellt.

Wie bei jedem Bericht bildet die **Beantwortung der W-Fragen** das Grundgerüst des Inhalts. (Was geschah wann, wo, wie, warum und wer war daran beteiligt?)
Stichworte dazu solltest du dir vorher notieren.

Als Zeitstufe wird das **Präteritum** verwendet; um die Vorzeitigkeit auszudrücken, benutzt du das **Plusquamperfekt**.

Solche Erlebnisberichte gibt es als **Reise- oder Veranstaltungsbericht, Tagebuchaufzeichnung** oder auch in **Briefen**. Auch **Reportagen** enthalten Erlebnisberichte.

Ziel eines solchen Berichts ist, dass sich der Leser ein **klares Bild** von dem Sachverhalt machen kann und dabei auch über die **persönlichen Eindrücke** des Verfassers **sachlich informiert** wird.

1

Lies dir die folgenden Texte durch und überlege, welcher einem Erlebnisbericht entspricht.

Torsten

Die Klasse 8b traf sich um 8.15 Uhr am Bahnhof und konnte um 9.05 Uhr vollständig in den Zug einsteigen. Nach einer abwechslungsreichen Fahrt von 4 Stunden und 15 Minuten, die von zweimaligem Umsteigen unterbrochen wurde, erreichten wir um 13.20 Uhr den Zielbahnhof und kamen nach einem halbstündigen Fußmarsch an der Jugendherberge an.

Katrin

Wie es zu unserer Klasse gehört, war schon die Anreise ein absolutes Chaos. Lars hatte natürlich wieder einmal verschlafen und hetzte beinahe zu spät auf den Bahnsteig. Er ließ sich auch nicht von Herrn Meister beeindrucken, der schon eine Weile lang nervös, aber vergeblich mit seinem Handy hantiert hatte, um ihn zu erreichen. Im Zug beglückte unsere Klasse unsere Mitreisenden mit fröhlichem und lautem Gesang, umgeschütteten Colaflaschen und einem munteren Fangspiel zwischen den Abteilen. Kein Wunder, dass die beiden uns begleitenden „Lehrkörper" reichlich genervt waren, als wir ankamen. Wir aber auch – bei sengender Hitze schleppten wir uns zu der Jugendherberge und brachen beinahe verdurstet auf der Türschwelle zusammen. Das kann ja toll werden!

Mareike

Die Klassenfahrt der 8b begann am Montag, den 2. September um 8.15 Uhr am Bahnhof. Obwohl der Zug, der uns nach Beingries bringen sollte, erst um 9.05 Uhr abfahren sollte, war dieser frühe Zeitpunkt klug gewählt, denn um halb neun fehlte Lars Christiansen immer noch. Dennoch gelang es, dass alle 24 Schüler pünktlich den Zug besteigen konnten. Während der langen Fahrt versuchten wir uns mit Musik und Spielen zu beschäftigen, was nicht immer die Freude unserer Mitreisenden erweckte. Daher waren nicht nur die Schüler, sondern auch unsere beiden Lehrer, Herr Meister und Frau Stubner, froh, als wir nach vierstündiger Fahrt endlich in Beingries ankamen. Allerdings ahnten wir noch nicht, dass uns ein längerer Fußmarsch zur Jugendherberge bevorstand, was angesichts der Hitze und des schweren Gepäcks so manchen zum Jammern und Klagen veranlasste.

2

a) Suche in Torstens Text alle Stellen, in denen das Erlebnis der Zugfahrt deutlich wird.

b) Unterstreiche alle Textstellen, die Antwort auf die W-Fragen geben, mit roter Farbe.

c) Begründe, warum Torstens Darstellung kein Erlebnisbericht ist.

3

a) Suche in Katrins Text alle Stellen heraus, die Antwort auf die W-Fragen geben.

b) Wovon handelt Katrins Text überwiegend?

c) Begründe, warum ihre Darstellung kein Erlebnisbericht ist.

4

a) Unterstreiche in Mareikes Text alle Stellen, in denen die W-Fragen beantwortet werden, mit roter Farbe.

b) Benutze einen blauen Stift, um die Stellen zu unterstreichen, in denen das Erlebnis der Anreise vermittelt wird.

c) Begründe, warum Mareikes Text ein Erlebnisbericht ist.

1

Formuliere folgende Textstellen aus Katrins Aufzeichnung sachlich und knapp.

a) ... *war schon die Anreise ein absolutes Chaos.*

____

b) ... *hetzte beinahe zu spät auf den Bahnsteig.*

____

c) ... *dass die beiden ... „Lehrkörper" reichlich genervt waren, ...*

____

d) ... *schleppten wir uns zu der Jugendherberge und brachen dort beinahe verdurstet zusammen.*

____

2

Finde jeweils zwei sachliche Ausdrücke mit ähnlicher Bedeutung.

abwechslungsreich ____________ ____________

ankommen ____________ ____________

froh ____________ ____________

3

Am folgenden Mittwoch unternimmt die Klasse eine Nachtwanderung. Wie lautet Katrins Erlebnisbericht, wenn sie sich an die Regeln hält? Schreibe den Text in dein Übungsheft.

Aufbruch: 20.00 Uhr nach dem Abendessen – beschwerliche Route – 1 ½ Stunden – dunkler und nebliger Wald – ängstlich – Lagerfeuer im Steinbruch „Spundloch" – Rückmarsch: 22.30 Uhr – nach einer Stunde – heftiges Gewitter – bis auf die Knochen durchnässt.

1.3 Einen Unfallbericht verfassen

Situation

Pech für Tobias: Bei einer Bergwanderung stürzte er einen Abhang hinunter und zog sich Verletzungen zu, die von einem Arzt untersucht werden mussten. Die Versicherung verlangt einen genauen Bericht über das Geschehen.

Merkmale eines Sachberichts

Wenn man der Polizei, einer Behörde oder einer Versicherung **wichtige Auskünfte** geben muss, steht der reine Sachverhalt im Vordergrund.

Dies ist bei **Zeugenaussagen, Unfallberichten** oder auch **Schadensmeldungen** der Fall. Sie alle verfolgen den Zweck, eine wahrheitsgetreue Darstellung des Geschehens zu übermitteln.

Da nicht selten Ersatzansprüche oder auch Schuldfragen mithilfe solcher Berichte geklärt werden, müssen **alle für den Vorgang wichtigen Einzelheiten** genannt werden (Namen, Zeit- und Ortsangaben, Ursache und Folgen).

Abgesehen von der Beantwortung der **W-Fragen** achtest du besonders auf

- Sachlichkeit
- Genauigkeit
- Eindeutigkeit
- Vollständigkeit

Wie in allen Berichten verwendest du als Zeitstufe das **Präteritum** bzw. das **Plusquamperfekt**.

Damit das Geschehen nicht verfälscht wird, solltest du **persönliche Meinungen vermeiden** oder deutlich als solche kennzeichnen.

1

Die Klassenkameraden von Tobias „berichten" Herrn Meister über das Missgeschick. Unterstreiche die Angaben rot, in denen sie genaue Sachangaben machen.

a) „Ohne Brille ist der Tobias doch blind wie ein Maulwurf. Aber sie ist ja am Morgen kaputtgegangen. Deswegen ist er doch über diese Baumwurzel gestolpert, die auf dem Weg war."

b) „Mir war auch ganz komisch an dieser schmalen Wegstelle zumute, wo der Tobias dann heruntergefallen ist. Ausgerechnet da war ja auch das Halteseil zerrissen."

c) „Ich habe einen derartigen Schrecken bekommen, als er da die zehn Meter herunterrollte und gegen den Felsklotz rammte."

d) „Wir waren ja alle so kaputt, es war ja schon spät am Nachmittag, fast 5.00 Uhr und er wollte bestimmt auch den letzten Abschnitt des Abstiegs so schnell wie möglich hinter sich bringen."

e) „Mann, war ich froh, als Frau Stubner ihn 5 Minuten später wieder oben hatte und Erste Hilfe leistete!"

2

Herr Meister macht sich Notizen für den Unfallbericht. Ergänze sie mithilfe der Aussagen der Klassenkameraden.

Veranstaltung *Bergwanderung auf die Hohe Geiß*

Unfallort ______________________________

Zeitpunkt ______________________________

Mögliche Ursachen ______________________________

____

Hergang ______________________________

____

Maßnahmen ______________________________

3

Entscheide dich bei diesem Unfallbericht für den genauen und eindeutigen Ausdruck. Setze die Verben in die richtige Zeitstufe.

Am Mittwoch, den 4. September **(machen/unternehmen)** ____________ die Klasse eine Bergwanderung auf die Hohe Geiß, nachdem die Lehrkräfte **(nachschauen/überprüfen)** ____________, ob alle Schüler sichere Schuhe trugen. Auf dem letzten Abschnitt des Rückwegs **(fallen/stolpern)** ____________ der Schüler an einer schmalen Wegstelle, wo es auch kein Sicherungsseil gab, über eine Wurzel und **(wanken / das Gleichgewicht verlieren)** ____________.

Während er **(etwa 10 Meter/ein gutes Stück)** ____________ den Abhang herunterrutschte, prallte er gegen mehrere **(Hindernisse/Felsbrocken)** ____________. Nachdem die Lehrkraft Frau Stubner **(Erste Hilfe leisten / helfen)** ____________, konnte er den Rest des Weges **(gehen/bewältigen)** ____________. Nach unserer Ankunft im Dorf wurde er **(dann/unverzüglich)** ____________ zu einem Arzt gebracht. Dort wurde festgestellt, dass die Verletzungen **(geringfügig / nicht so schlimm)** ____________ waren. Nachdem seine **(Beschädigungen/Schürfwunden)** ____________ ärztlich **(ansehen/behandeln)** ____________ und ihm eine Tetanusspritze **(geben/verabreichen)** ____________, konnte er den Rest des Aufenthaltes weitgehend beschwerdefrei verbringen.

1

Stephan erzählt, wie die Brille von Tobias am gleichen Morgen kaputtging. Verfasse eine knappe Schadensmeldung in deinem Übungsheft.

Also, es war ziemlich voll am Morgen im Waschraum. Der Tobias hat keinen Platz mehr für seine Sachen gefunden und hat alles auf den Boden neben die Dusche gelegt. Als ich aus der Dusche rauskam, rutschte ich aus, es war nämlich klatschnass auf dem Boden. Dabei fiel ich auf sein Zeug und auch auf die Brille. Das Gestell war total verbogen, ein Bügel war abgebrochen und die Gläser waren alle herausgefallen.

2

Formuliere mit **einem** präzisen Wort.

a) Wie **es vorgeschrieben ist,** überprüften die Lehrkräfte die Ausrüstung.

Sie wurde ______________________________ überprüft.

b) **Keiner hatte Schuld.**

Es liegt kein ______________________________ vor.

c) Weil der Weg matschig war, **passierte der Unfall.**

______________________________ war der matschige Weg.

d) **Wegen unserer Sicherheit** ging je ein Lehrer am Anfang und am Ende der Kolonne.

______________________________ marschierten die Lehrer getrennt.

3

Bei einer Versicherung ging folgender Unfallbericht ein. Verbessere ihn.

„In hohem Tempo näherte sich mir die Straßenlaterne. Ich schlug einen Zickzackkurs ein, aber dennoch traf mich die Straßenlaterne am Kühler.“

1.4 Einen Zeitungsbericht verfassen

Situation

In der Schulzeitung soll ein Artikel über die Klassenfahrt veröffentlicht werden. Ziel des Berichts ist es, die Mitschüler, Lehrer und Eltern über das vielfältige Programm zu informieren.

Merkmale eines Zeitungsberichts

In Zeitungen, Zeitschriften oder auch Jahresberichten findet man eine **Vielzahl von Artikeln**, die der einzelne Leser oft gar nicht in ihrer Gesamtzahl lesen kann oder will.

Vielmehr möchte er schon anhand der Überschrift oder des Textanfangs **das Wesentliche** erfahren, um herauszufinden, ob ihn auch der Rest des Textes interessiert.

Wenn man also einen solchen Bericht verfasst, muss man besondere **Regeln des Aufbaus** beachten, um das Interesse des Lesers wach zu halten.

In der **Überschrift** bringt man das Geschehen knapp auf den Punkt. Falls der Platz nicht reicht, kann man zusätzliche Informationen in einem **Untertitel** (einer zweiten, oft kleiner gedruckten Überschrift) nennen. Beide können auch im Präsens formuliert werden.

Die Beantwortung der wesentlichen Fragen „**Was** geschah **wann** und **wo**, **wer** war daran beteiligt?“ folgt in der **Einleitung**.

Der Hauptteil beschäftigt sich mit dem Hintergrund des Geschehens. „**Wie** und **warum** vollzog sich das Ereignis?“

Folgen und **Auswirkungen** stehen im **Schlussteil**.

1

Die einzelnen Abschnitte des Berichts sind durcheinandergeraten. Trage die richtige Reihenfolge in das unten stehende Schema ein.

a) Zu Beginn des Aufenthaltes fanden eine Nachtwanderung und eine Bergtour zum Gipfelkreuz der Hohen Geiß statt. Hier konnten die Schüler schon ihre Kräfte erproben, die an den folgenden Tagen von ihnen abgefordert werden sollten.

b) Täglich neue Abenteuer

c) Denn eine Fahrt auf der Plichach war eine völlig neue Erfahrung für alle Schüler, die es noch nie zuvor erlebt hatten, in einem Schlauchboot einen streckenweise reißenden Bergfluss herabzupaddeln und dabei geschickt den Felsen und Hindernissen auszuweichen.

d) Die Klassenfahrt der 8b

e) Höhe- und Schlusspunkt der Klassenreise war ein Ausflug in den Klettergarten, der erst stattfinden konnte, nachdem die Klasse ein Sicherheitstraining absolviert hatte. Die Schüler erklommen unter fachlicher Aufsicht und gut gesichert meterhohe Baumstämme und mussten auf einer hoch gelegenen, schwankenden Plattform ihre Höhenangst bekämpfen.

f) Im September unternahm die Klasse 8b zusammen mit Herrn Meister und Frau Stubner eine Fahrt nach Beingries, wo sie fünf abenteuerliche Tage erlebte. Das lag vor allem an dem vielfältigen Programm, das die Lehrkräfte zuvor aufgestellt hatten.

g) Da alle Abenteuer und Herausforderungen gut gemeistert worden waren, trat die Klasse stolz die Rückfahrt an. Die gemeinsamen Erlebnisse haben nicht nur die Klassengemeinschaft gestärkt, sondern auch dazu geführt, dass so mancher vielleicht besser weiß, wie man mit Angst und Unsicherheit auch im normalen Schulleben umgehen kann.

h) Jeder, der mehr über diese Klassenfahrt erfahren möchte, findet reichhaltige Informationen in den Reisetagebüchern, die die Schüler angelegt haben.

Überschrift	____	Hauptteil	____ ____ ____
Untertitel	____	Schluss	____
Einleitung	____	Weitere Hinweise	____

2

a) Wie gelingt es, mithilfe der Überschrift Interesse zu wecken und dennoch sachlich zu bleiben?

b) Überprüfe, ob in der Einleitung die W-Fragen beantwortet sind, die bei den Regeln genannt wurden.

c) Auf welche W-Frage gibt der Hauptteil Auskunft?

d) Nenne die Folgen und Auswirkungen, die im Schlussteil genannt werden.

3

a) Unterstreiche alle Textstellen, in der die Vorzeitigkeit durch das Plusquamperfekt ausgedrückt wurde.

b) In den letzten Sätzen kommt als Zeitstufe Präsens und Perfekt vor. Warum?

4

Michael besucht eine Gerichtsverhandlung, bei der jugendliche Ladendiebe angeklagt sind. Er soll darüber einen Bericht schreiben und muss die wörtlichen Aussagen der Prozessbeteiligten knapp umformen. Benutze die Verben:

zurückweisen, beschuldigen, mahnen, bekräftigen, bitten, hinweisen.

a) Der Angeklagte: „Ich bin überhaupt nicht schuld. Stefan Müller hat das Handy eingesteckt und davon wusste ich nichts."

b) Stefan Müller: „So eine Gemeinheit! Du hast doch das Handy in meine Plastiktasche fallen lassen."

c) Der Richter: „So geht das nicht. Ihr seid beide verpflichtet, die Wahrheit zu sagen und ehrlich zu sein."

d) Der Zeuge: „Ich habe genau gesehen, wie sich die beiden verabredet haben und habe dies auch der Polizei gesagt."

e) Der Verteidiger: „Bitte beachten Sie die schwierigen häuslichen Verhältnisse der beiden Jugendlichen, Herr Richter."

f) Der Staatsanwalt: „Wir haben es schließlich nicht mit einem gewöhnlichen Ladendiebstahl zu tun; beide Täter sind mehrfach vorbestraft."

Verfasse einen kurzen Zeitungsbericht zu folgendem Ereignis und finde eine passende Überschrift.

Otterdorf bei Beingries – Unwetter in der Nacht zum Dienstag – die Plichach tritt über die Ufer – Überschwemmungsbereich etwa 20 Meter auf jeder Seite des Flusses – Jugendherberge am Morgen vom Wasser umspült – 24 jugendliche Gäste müssen das Gebäude barfuß verlassen – gegen Abend Verbesserung der Lage – Feuerwehr pumpt die Kellerräume aus – Sachschaden: etwa 3.000 € – älterer Einwohner: „So etwas hat es noch nie gegeben, daran ist der Klimawandel schuld!"

Überschrift ______________________________

Untertitel ______________________________

Einleitung ______________________________

____

Hauptteil ______________________________

____

____

____

____

____

Schluss ______________________________

____

1.5 Eine Anfrage formulieren

Situation

Stefan muss bei einer Versicherung anfragen, ob ein Schaden, den er verursacht hat, übernommen wird.

Eine Anfrage formulieren

Eine schriftliche Anfrage ist ein Brieftext, in dem **sachliche Auskünfte** zu einer bestimmten Frage erbeten werden.

Das kommt zum Beispiel vor, wenn man bei einer Firma erfragen will, ob sie **Praktikumsplätze** bereitstellt oder wenn man **Termine für eine Besichtigung** festlegen möchte.

Damit du die gewünschten Auskünfte erhältst, musst du dir zuvor überlegen, welche **Angaben dein Briefpartner braucht**, um dich sachgerecht zu informieren. Diese Angaben notierst du dir.

Überdies hältst du dich an die **Regeln des Geschäftsbriefs**. Schau dir dazu das nachfolgende Beispiel an.

Vor dem eigentlichen Text stehen folgende Angaben

- Absender
- Adressat
- Datum
- Betreff
- Anrede

Du formulierst die Anfrage **höflich, unmissverständlich und vollständig**.

Am Schluss bittest du um baldige Antwort und unterschreibst den Brief.

Falls du eine **Anlage** beilegen willst, vermerkst du dies mit dem Wort „Anlage(n)“ unter deiner Unterschrift.

Stephan Schnarr (a)
Grabengasse 6
97083 Würzburg
Tel. 08 88 / 12 23 45

Daluga Versicherung (b)
Herzbergweg 67
12345 Altstadt

25. Oktober 2006 (c)

Anfrage bezüglich Haftpflichtversicherung 34567891 (d)

Sehr geehrte Damen und Herren, (e)

am 19. September 2006 reichte ich bei Ihrem Unternehmen einen Antrag auf Kostenerstattung ein. Wie aus dem Schreiben hervorging, beschädigte ich während einer Klassenfahrt die Brille eines Klassenkameraden, die unverzüglich repariert werden musste.

Nachdem ich zwei Wochen später noch keine Antwort von Ihnen erhalten hatte, wandte ich mich telefonisch an Sie. Ich erfuhr, dass die Sachbearbeiterin erkrankt sei und die Angelegenheit von einem Herrn Bader weiterbearbeitet werden würde.

Leider bekam ich auch von Herrn Bader keine Antwort und erfuhr gestern, dass er jetzt in Urlaub sei.

Da die Reparaturkosten von den Mitschülern vorgestreckt wurden, würde ich gerne wissen, ob und wann die Kosten erstattet werden. Meinen Originalantrag lege ich als Kopie bei.

Mit freundlichen Grüßen (f)

Stephan Schnarr (g)

Anlage (h)

1

Trage ein, mit welchen Buchstaben die Bestandteile der Anfrage gekennzeichnet wurden.

Betreff	____	Grußformel	____	Unterschrift	____
Absender	____	Anrede	____	Datum	____
Adressat	____	Anlagevermerk	____		

2

Formuliere höflich.

a) Ich habe seit Ewigkeiten versucht, eine simple Auskunft von Ihnen zu kriegen.

____

____

b) In Ihrem Saftladen hat ja keiner am Telefon irgendeine Ahnung.

____

____

c) Vielleicht könnten Sie endlich einmal die Kohle schicken.

____

____

d) Wenn das jetzt nicht klappt, zeige ich Sie an.

____

____

1

Anna hat vergeblich versucht, telefonisch bei der örtlichen Tageszeitung einen Termin für eine Betriebsbesichtigung zu erhalten, an der ihre Klasse gerne teilnehmen möchte. Nun schreibt sie eine Anfrage aufgrund ihrer Notizen.

Schreibe nur den Text und beginne mit dem Betreff.

Klasse 8f der Goetheschule, 27 Schüler + Lehrkraft Frau Stoll

Mögliche Termine: Freitag, 3. Dezember oder Freitag, 10. Dezember

Besonderer Wunsch: Besichtigung der Redaktionsräume

Gleichzeitige Teilnahme der Parallelklasse 8b (23 Schüler) möglich?

2

Finde weitere Formulierungen.

a) Ich reichte einen Antrag ein.

____

____

b) Wie ich erfuhr …

____

____

c) Ich möchte wissen …

____

____

d) Wann kann ich mit einer Antwort rechnen?

____

____

1.6 Checkliste: Berichten

Wenn du einen Bericht schreibst, solltest du folgende Punkte abhaken können:

1. Du überlegst dir, welchen Zweck dein Bericht erfüllen soll und welche Inhalte deinen Leser interessieren. ☐
2. Dabei unterscheidest du, ob du einer Privatperson über ein persönliches Ereignis berichtest, ob dein Bericht einer Behörde zugehen oder in einer Zeitung erscheinen soll. ☐
3. Du schreibst dann sämtliche für diesen Leserkreis wichtigen Angaben auf einen Notizblock. ☐
4. Du überprüfst, ob du dabei alle W-Fragen (Was geschah wann, wo, wie und warum? Wer war daran beteiligt und welche Folgen ergaben sich?) beantwortet hast. ☐
5. Du stellst das Ereignis in der richtigen Reihenfolge dar, sodass der Sachverhalt unmissverständlich deutlich wird. ☐
6. Dabei achtest du auf klare und knappe Sprache und drückst keine persönliche Meinung aus. Falls du eine wörtliche Aussage erwähnen möchtest, formulierst du sie indirekt. ☐
7. Als Zeitstufe verwendest du das Präteritum; für vorhergehende Ereignisse benutzt du das Plusquamperfekt. ☐
8. Bei einem Bericht für eine Zeitung fasst du das Wesentliche in der Einleitung zusammen und formulierst eine passende Überschrift. Der Hauptteil enthält den Hintergrund des Geschehens, der Schluss die Folgen oder die Auswirkungen. ☐
9. Nun liest du dir alles noch einmal durch und verbesserst Ausdrucks- und Rechtschreibfehler. ☐

1.7 Ein Protokoll verfassen

Situation

Nach der Rückkehr aus Beingries diskutiert die Klasse darüber, was mit dem übrig gebliebenen Geld geschehen soll. Außerdem wird Inhalt und Abgabetermin der Fahrtenberichte festgelegt. Zu dieser Unterrichtsstunde soll ein Protokoll geschrieben werden.

Merkmale eines Ergebnisprotokolls

Ein Ergebnisprotokoll ist ein Textdokument, in dem das **Ergebnis eines Gesprächs, einer Konferenz, einer Verhandlung oder einer Unterrichtsstunde** schriftlich festgelegt wird.

Mündliche Äußerungen vergisst man schnell oder behält sie lückenhaft oder gar verändert in Erinnerung. Mithilfe eines Protokolls kann nicht nur jeder Teilnehmer einsehen, was gesagt und beschlossen wurde, sondern **es legt auch die Beschlüsse verbindlich fest**.

Im Gegensatz zu einem Verlaufsprotokoll werden im Ergebnisprotokoll nicht die einzelnen Vorschläge oder Unterrichtsabschnitte aufgezeichnet, sondern **nur das Resultat**.

Darüber hinaus muss das Ergebnisprotokoll folgende Bestandteile haben:

1. einen **Protokollkopf**, in dem Thema, Dauer, Ort und Anwesende des Ereignisses aufgezeichnet sind.
2. eine **Tagesordnung**, in der die einzelnen Gesprächsabschnitte genannt werden.
3. die **Unterschriften** des Protokollanten und des Leiters bzw. der Leiterin der Veranstaltung.

Das Ergebnisprotokoll wird im Allgemeinen im **Präsens** geschrieben.

Ergebnisprotokoll

über die Abschlussbesprechung zur Klassenfahrt der 8b
am Montag, den 9. September 2006
im Klassenraum E14 des Schillergymnasiums
Beginn 8.00 Uhr   Ende 8.45 Uhr

Anwesende
Die Klasse 8b
Herr OStR Meister
Simon Kunz fehlt entschuldigt

Tagesordnung

1. Verwendung der nicht beanspruchten Gelder für die Klassenfahrt
2. Art, Umfang und Abgabetermin der Fahrtenberichte
3. Videoaufzeichnung der Klassenfahrt

Zu den einzelnen Tagesordnungspunkten wurde beschlossen:

1. Die nicht beanspruchten Reisekosten von 210 € werden wie folgt verwendet:
   70 € als Vorauszahlung für die Brillenreparatur von Tobias Klemm.
   140 € für die Beschaffung der demnächst notwendigen Klassenlektüre.

   Sybille Schopp formuliert dazu ein Schreiben an die Eltern.
2. Die Fahrtenberichte werden bis zum 23. September fertig gestellt. Sie erhalten ein Deckblatt und haben einen Mindestumfang von 8 Seiten. Die Texte sind sprachlich einwandfrei.
3. Zusammen mit Herrn Meister schneiden Timo Pfarr und Sabine Gleisner einen Videofilm über die Klassenfahrt zusammen. Er wird beim kommenden Tag der offenen Schultür vorgeführt.

Anna Scheib   *Hans Meister*

(Protokollführerin)   (Klassenlehrer)

1

Simon war bei der Besprechung nicht anwesend und liest das Protokoll. Wo erfährt er

a) wann sie stattgefunden hat? ______

b) worüber gesprochen wurde? ______

c) wann er den Fahrtenbericht abgeben soll?

______

2

Am Nachmittag zwischen 16.15 Uhr und 17.00 Uhr informieren Herr Meister und Frau Stubner im Lehrerzimmer ihre Kollegen Frau Kluge und Herrn Stiefel über die zurückliegende Klassenfahrt. Diese beiden Lehrer sollen nämlich die Erfahrungen, die mit der 8b gemacht wurden, umsetzen und weitere Vorsichtsmaßnahmen bei ihrer Klassenfahrt mit der Klasse 8c beachten.

Formuliere den Protokollkopf zu dieser Informationsbesprechung (ohne Tagesordnung).

3

Hier siehst du die Notizen, die Tanja als Protokollführerin bei einer Pfadfinderbesprechung gemacht hat.

a) Was ist ungünstig an ihren Aufzeichnungen?

b) Was fehlt?

Beginn: 20.15 Uhr

1. Beschluss
   Lulu kümmert sich um Essen und Getränke. Kann ja schließlich gut kochen.

2. Christian und Mekki studieren mit Anna, Sofia und Clemens das Theaterstück ein.

Außerdem gibt es einen Basar. Tilmann und Markus sollen mit den Leuten einzeln absprechen, was gebastelt und verkauft werden kann. (ausgerechnet die Dödel!)

Nur Torsten fehlt/ unentschuldigt!!! wieder einmal !!!

Bei der nächsten Sitzung (kommender Montag, hier im Versammlungsraum) wird alles noch einmal genau geplant.

Gott, ist das langweilig heute. Ich will heiiiiim.

Heute ist Montag, der 14. November und wir sind in unserem ach so toll verschmuddelten Pfadfinderheim.

Endlich Schluss: zwanzig nach 10

4

Wie könnten die folgenden mündlichen Aussagen in einem Ergebnisprotokoll umgesetzt werden?

a) Frau Steeg: „Dass Kai Schmeller die ganze Zeit über zu spät kommt, ist aber wirklich ärgerlich. Ich werde morgen früh seine Mutter anrufen.“

____

____

b) Der Angeklagte: „Ich fühle mich für die Folgen meines Verhaltens schuldig und werde dem Unfallopfer eine freiwillige Zahlung von 1000 € leisten.

___

___

c) Der Schulleiter: „Ich stelle fest, dass das Kollegium dem Pfarrer Pfeifer nochmals eine Chance geben will: Fünf Kollegen stimmen für die Probezeitverlängerung, drei dagegen."

___

___

d) Die Jugendleiterin: „Da wir in den vergangenen Ferienfreizeiten oft Probleme mit erkrankten Kindern hatten, werden alle Betreuer im kommenden Jahr an einem Erste-Hilfe-Kurs teilnehmen."

___

___

e) Der Verteidiger: „Hier wird das Recht mit Füßen getreten. Mein Mandant wird auf jeden Fall Berufung einlegen."

___

___

Vervollständige das Ergebnisprotokoll, indem du Tanjas Notizen auswertest.

Protokoll

über ______________________________

am ______________________________

im ______________________________

Beginn ______________ Ende ______________

Anwesende: alle Mitglieder der Gruppe Nausikaa;
Torsten Klein fehlt unentschuldigt.

Tagesordnung
Vorbereitung der diesjährigen Weihnachtsfeier

Ergebnisse

1. ______________________________

____

2. ______________________________

____

3. ______________________________

____

4. ______________________________

____

Tanja Seibold
____

Stella Markert
(Gruppenleiterin)

1.8 Checkliste: Protokoll

Wenn du ein Protokoll schreibst, solltest du folgende Punkte abhaken können:

1. Als Protokollführer/in notierst du dir schon zu Beginn des Treffens alle Angaben, die du für den Protokollkopf und für die Tagesordnung brauchen wirst. (Thema, Datum, Ort, Beginn, Anwesende, Abwesende, Gesprächspunkte) ☐
2. Du verfolgst aufmerksam die Beiträge der Gesprächsteilnehmer und notierst dir aber nur die Informationen, die für das Ergebnisprotokoll wichtig sind. ☐
3. Am Ende überprüfst du, ob du Beschlüsse richtig verstanden hast und beschaffst dir noch eventuell fehlende Informationen. Du notierst dir, wann das Treffen offiziell beendet worden ist. ☐
4. Du verlierst nicht allzu viel Zeit, bis du die endgültige Fassung des Protokolls formulierst, damit du weniger leicht etwas vergessen kannst. ☐
5. Wenn du den Text verfasst, achtest du auf Vollständigkeit der Angaben, auf Eindeutigkeit der Formulierungen und auf die richtige Zeitstufe. ☐
6. Du sorgst für eine sprachlich richtige, übersichtliche und saubere Ausführung. ☐
7. Du unterschreibst den Text. ☐
8. Du legst das Protokoll dem Sitzungsleiter / der Sitzungsleiterin vor und lässt es unterschreiben. ☐

Beschreiben

2 Beschreiben

2.1 Start

1

Entscheide dich für die richtigen Aussagen. Die dazugehörenden Buchstaben ergeben ein Lösungswort.

1. Wenn du eine Beschreibung verfasst, möchtest du
a) jemandem deinen persönlichen Eindruck mitteilen S
b) eine wirklichkeitsgetreue Darstellung vermitteln W
c) erreichen, dass man sich das Beschriebene vorstellen kann U

2. Damit eine Beschreibung ihren Zweck erfüllt,
a) bemühst du dich um lebendige und gefühlsbetonte Sprache K
b) formulierst du sachlich, genau und knapp N
c) ist die Verwendung der Umgangssprache hilfreich E

3. Zu den Beschreibungen gehören
a) Gebrauchsanweisungen D
b) Angaben über gesuchte Personen E
c) Inhaltsangaben M

4. Beim Aufbau einer Beschreibung
a) gehst du nach Gefühl vor F
b) beginnst du mit dem allgemeinen Eindruck R
c) nennst du Einzelheiten nicht zuerst B

5. Als Zeitformen verwendest du überwiegend
a) Präteritum L
b) Präsens A
c) Futur W

6. Du vermeidest
a) ungenaue Formulierungen R
b) Erwähnung von Einzelheiten S
c) übersichtlichen Satzbau T

Lösungswort: ______________________

2

a) Entscheide dich, zu welcher Art von Beschreibung die folgenden Textausschnitte gehören.

b) Unterstreiche die Textstellen, die nicht hineingehören.

1. Der Gesuchte ist etwa 1, 70 m groß und zwischen 20 und 30 Jahre alt. Er hat kurzes Haar und trägt eine ziemlich hässliche Brille. ☐
2. In der Mitte befindet sich ein dreistöckiges Haus mit grünen Fensterläden. Es wird von Bäumen mit bräunlichem Herbstlaub umrahmt. Im Vordergrund sieht man eine mit dunklen Farben gemalte Menschengruppe, die den Gesamteindruck stört. ☐
3. Das rubinrote Brillenetui ist etwa 15 cm lang, 3 cm breit, 2 cm hoch und aus billigem Leichtmetall. Der Besitzer sollte froh sein, dass er es verloren hat, denn es ist schon ziemlich verbeult. ☐
4. Also, wenn du zu dem Open-Air-Konzert willst, musst du dich schon beeilen, denn der Weg ist ziemlich lang. Du überquerst die Brücke über den Fluss und wendest dich nach rechts. Da siehst du einen Pfad, der am Wasser entlang verläuft. Am Ende ist der Festplatz. ☐

a) Bildbeschreibung
b) Gebrauchsanweisung
c) Spielanleitung
d) Wegbeschreibung
e) Gegenstandsbeschreibung
f) Tierbeschreibung
g) Kochrezept
h) Personenbeschreibung

2.2 Einen Gegenstand beschreiben

Situation

Kevin darf sich von seinem Vater einen neuen Schreibtisch wünschen. In einem großen Möbelhaus mit vielen Filialen in Deutschland hat er einen entdeckt. In einem Brief beschreibt er ihn seinem Vater, der in einer anderen Stadt wohnt.

Merkmale der Gegenstandsbeschreibung

Eine Gegenstandsbeschreibung hat das Ziel, einem anderen Menschen ein **unverwechselbares Bild von einer Sache** zu vermitteln.

Dazu musst du den Gegenstand in seiner **Funktion** und in seinen **Einzelteilen** erfasst haben.

Du beginnst mit der **Bezeichnung** des Gegenstands und formulierst einen **Gesamteindruck**, damit der Leser ein grobes Raster hat, in das er die eigentlichen Informationen einordnen kann.

Dabei werden zunächst die **wesentlichen Bestandteile** erwähnt und danach die **Einzelheiten**. Man kann den Aufbau der Beschreibung auch anhand der **Funktion der Einzelteile** bestimmen.

Sind viele gleichwertige Einzelteile zu nennen, gehst du am besten im **Uhrzeigersinn** vor.

Der Text enthält genaue Angaben über **Form, Größe, Material und Farbe** des Gegenstands. Wenn du die Funktion von Einzelheiten mit angibst, hilfst du dem Leser, sich ein Bild zu machen.

Gegenstandsbeschreibungen findet man in verkürzter Form in Warenkatalogen oder Internet-Auktionshäusern, in ausführlicherer Form bei Verlust- oder Suchanzeigen.

Sie werden immer im **Präsens** formuliert.

1

Lies Kevins Beschreibung gut durch.

Der Schreibtisch, den ich mir wünsche, ist ein Computertisch aus hellbraunem Buchenholz. Die rechteckige Tischplatte, die die übliche Größe von 150 x 75 cm hat, ruht auf einem Unterbau, der aus drei unterschiedlichen Bereichen besteht.
Der Seitenbereich links neben dem Sitzplatz ist etwa 60 cm breit und wird von zwei vertikalen Stützwänden für die Tischplatte begrenzt. Dort befindet sich direkt unter der Tischplatte eine Schublade. Darunter öffnet sich ein etwa 50 cm hoher Hohlraum mit einer herausziehbaren Bodenplatte. Diese ist für einen Drucker gedacht, der auf diese Weise leicht zu bedienen ist. Unter dieser Vorrichtung gibt es noch ein etwa 15 cm hohes, offenes Fach für das Druckerpapier.
Der Bereich rechts neben dem Sitzplatz, der von diesem wiederum durch eine Stützwand abgegrenzt ist, ist nur etwa 30 cm breit und besteht aus einer Platte, die in gleicher Höhe wie die Bodenplatte des Druckers angebracht ist. Sie hat die Aufgabe, das Gehäuse eines Computertowers zu tragen, den man so unter die Tischplatte schieben kann. An der rechten Seite ist dieser Bereich offen.
Beim Sitzplatz befindet sich direkt unter der Schreibfläche wiederum eine herausziehbare Holzplatte für die Tastatur und die Maus. Diese beiden Geräte können einem so also nicht im Weg sein, wenn man den Computer nicht braucht.
Im hinteren Bereich des Sitzplatzes ist in etwa 50 cm Höhe vom Fußboden aus gemessen noch ein Regalboden angebracht, in dem Bücher ihren Platz finden können.
Die Tischplatte selbst wird in ihrem hinteren Bereich rechts und links jeweils von zwei kleinen kastenförmigen Aufbauten begrenzt. Diese sind etwa 15 cm hoch und tief und 30 cm lang. Da sie in der Mitte unterteilt sind, bieten sie Platz für CDs oder andere Kleinigkeiten. Auf ihrer Oberfläche ist jeweils Platz für einen der beiden Lautsprecher.
Zwischen diese Aufbauten kann der Bildschirm gestellt werden; damit er sicher steht, gibt es für diesen Zweck eine quadratische Bodenplatte, die etwa 30 x 40 cm groß ist und die man gesondert bestellen kann.
Auffällig an diesem Schreibtisch ist, dass die drei Stützwände abgeschrägt sind und unten eine größere Tiefe aufweisen als oben, sodass die Schreibplatte etwas hervorragt.

2

Betrachte diese drei Abbildungen und entscheide, welchen Tisch Kevin meint.

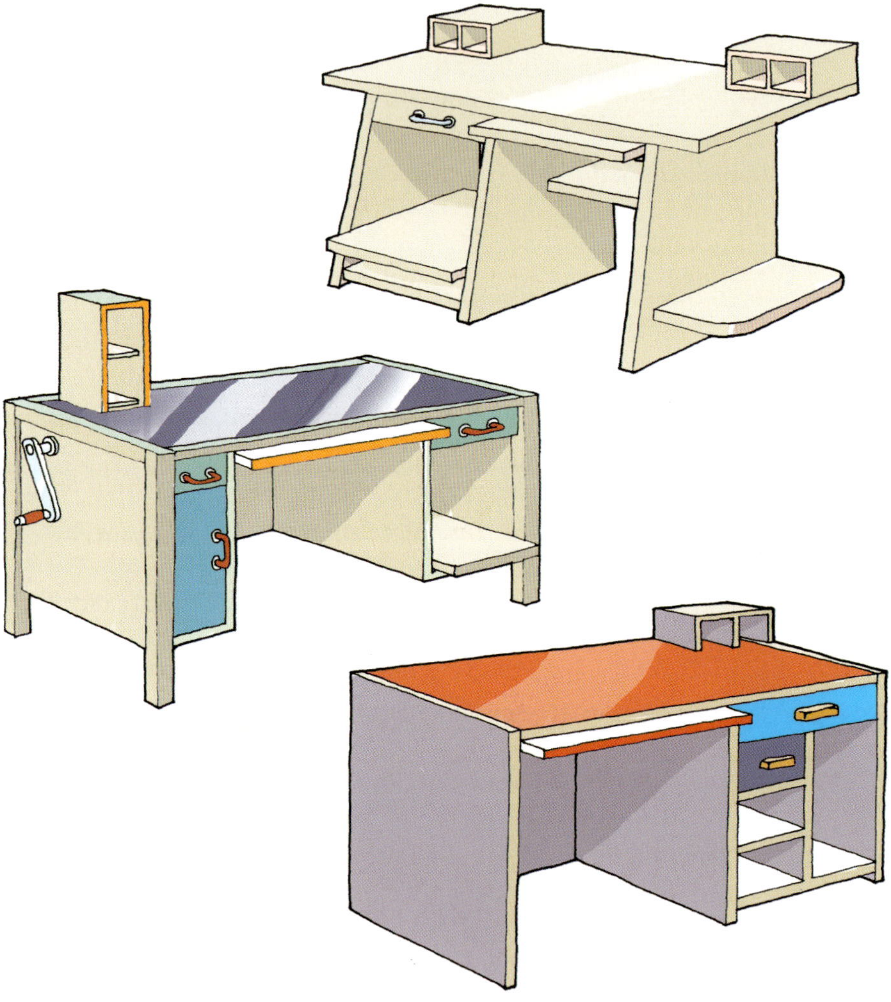

3

a) Gib in Stichpunkten an, in welcher Reihenfolge Kevin den Schreibtisch und dessen Einzelbereiche beschrieben hat.

(1) ______________________________

(2) ______________________________

(3) ______________________________

(4) ______________________________

(5) ______________________________

(6) ______________________________

b) Warum hat Kevin nicht mit der Beschreibung der Tischplatte begonnen?

____

____

c) Unterstreiche alle Textstellen in der Beschreibung, in denen Kevin die Funktion eines Einzelteils oder Einzelbereichs des Schreibtischs angibt.

4

a) Trage in die folgende Tabelle alle Angaben von Kevins Beschreibung ein, die Farbe, Form und Material betreffen.

b) Trage danach alle Formangaben ein, die du auf den Abbildungen der anderen Schreibtische erkennen kannst.

Farbe	Form	Material

c) Ordne auch die folgenden Begriffe richtig in die Tabelle ein:

Glas – türkis – abgerundet – Metall – Papier – eckig – würfelförmig – ockergelb – anthrazit – Plastik – gemauert – versteinert – Stoff – quaderförmig

5

Unterscheide Oberflächenbeschaffenheiten und Funktionen, indem du nach dem Wort ein **O** oder ein **F** einträgst.

a) drehbar ____	f) glänzend ____	k) zerkratzt ____
b) rau ____	g) verstellbar ____	l) aufrollbar ____
c) poliert ____	h) verschließbar ____	m) umwickelt ____
d) schwenkbar ____	i) gefaltet ____	n) samtig ____
e) aufklappbar ____	j) faltbar ____	

Melanie hat im Schwimmbad eine Kette verloren, die sie zur Konfirmation bekommen hat. Der Bademeister möchte eine genaue Beschreibung, weil sich in seinem Fundbüro viele Ketten befinden.

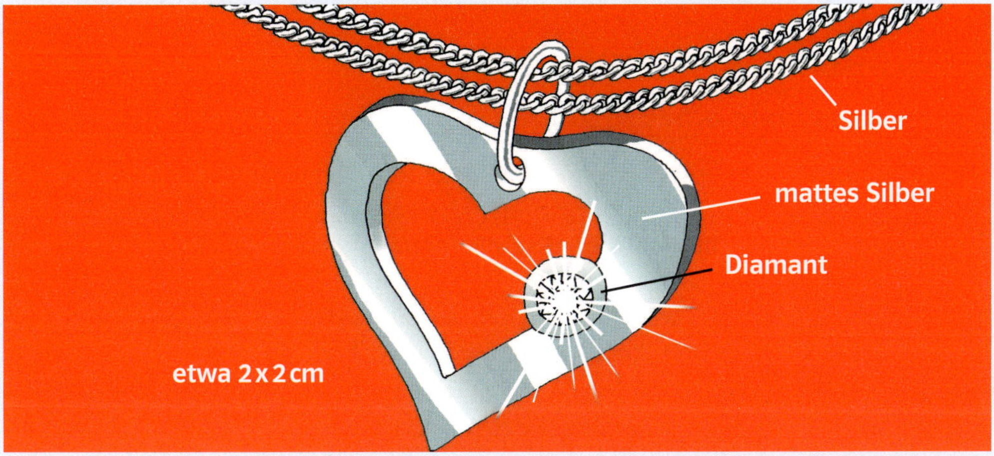

Formuliere eine vollständige Beschreibung des Schmuckstücks.

____

____

____

____

____

____

____

____

2.3 Eine Anzeige verfassen

Situation

Mehmets Vater will sein altes Auto verkaufen. Er bittet seinen Sohn, ihm bei der Formulierung der Anzeige zu helfen.

Merkmale einer Anzeige

In Zeitungen, Zeitschriften und im Internet werden nicht nur Artikel veröffentlicht, sondern auch Anzeigen der Leser, die auf diese Weise für ihr Anliegen eine **breite Aufmerksamkeit** erreichen wollen.

Solche Anzeigen beziehen sich auf **Arbeitsplätze, Wohnungen und Immobilien, Kontakte, Kaufgesuche oder -angebote**.

Da je nach Länge der Anzeige eine Gebühr anfällt, muss man sich **knapp** und **genau** ausdrücken und dennoch **das für den Leser Interessante** angeben. Dazu gehört natürlich auch die Telefon- oder Chiffrenummer.

Damit die Anzeige nicht in der Masse der Mitanbieter oder Mitsucher untergeht, formuliert man Wichtiges **fett gedruckt** oder **an vorrangiger Stelle**.

1

Welche der drei Anzeigen erfüllt am besten den gewünschten Zweck?

a)

Prima Second-Hand-Kfz
Dunkelblauer Opel Astra
günstig zu verkaufen.
0178 – 22 33 44

b)

Opel Astra; Jg.1998; 89t km
ASU / TÜV 08.06; € 3.500 (VB)
0178 – 22 33 44

c)

Suchen Sie schon lange
nach einem gut gepflegten Opel Astra? (Erstzulassung 1998)
Dann rufen Sie mich an. (Tel. 0178 – 22 33 44)
TÜV August 06; 89 000 km. Preis (€ 3.500) auf Verhandlungsbasis

2

Leider ist Melanies Kette, die sie im Schwimmbad verloren hat, nicht im Fundbüro des Bademeisters gelandet. Nun macht sie einen Aushang, der im Kassenbereich veröffentlicht wird. Verbessere Melanies Text.

Leider ist meine Patentante nun gestorben und deswegen möchte ich die Kette, die sie mir geschenkt hat, gerne wiederhaben. Ich habe sie nämlich am 3. Juli hier im Schwimmbad verloren. Sie ist aus Silber und hat einen herzförmigen Anhänger, an dem ein kleiner Edelstein befestigt ist. Irgendjemand hat sie bestimmt gefunden. Bitte, bitte ruft mich an, wenn ihr sie habt oder schickt sie mir zu: Melanie Meister, 12345 Karlsdorf, Schneiderstr. 12, 08 89 71 / 12 34

1

Du hast bereits erfahren, welchen Schreibtisch sich Kevin von seinem Vater wünscht. Den hat er auch bekommen, allerdings hat ihm seine Mutter den gleichen geschenkt. Nun möchte er einen verkaufen. Wie lautet seine Anzeige in der örtlichen Tageszeitung?

____

____

____

____

____

2

Ergänze die folgenden Farbbezeichnungen.

a) *purpur*________________ b) *smaragd*________________

c) *ocker*________________ d) *wein*________________

e) *himmel*________________ f) *zitronen*________________

g) *schnee*________________ h) *tauben*________________

2.4 Checkliste: Gegenstandsbeschreibung

Wenn du eine Gegenstandsbeschreibung verfasst, solltest du folgende Punkte abhaken können:

1. Zunächst hast du den Gegenstand genau und von allen Seiten betrachtet und seine Einzelteile erfasst. ☐
2. Danach notierst du dir Angaben zu Größe, Formen, Material und Farbe. ☐
3. Du hast dir überlegt, ob der Leser sich den Gegenstand vorstellen kann, wenn du von den auffallenden Merkmalen ausgehst und mit den weniger auffallenden endest. ☐
4. Falls alle Merkmale gleichwertig sind, kannst du sie im Uhrzeigersinn aufführen. ☐
5. Dir ist bewusst, dass man sich manche Bereiche besser vorstellen kann, wenn man weiß, wozu sie dienen. Deswegen erklärst du in einem solchen Fall deren Funktion oder Zweck. ☐
6. Deine Formulierungen sind eindeutig und genau. Der Satzbau ist übersichtlich. ☐
7. Du benutzt das Präsens und überprüfst deinen Text in Bezug auf Rechtschreibfehler. ☐

2.5 Aussehen und Charakter einer Person beschreiben

Situation

In der Straßenbahn wurde Steffi von einer Frau angesprochen, die behauptete, ihre Mutter zu kennen. Steffi soll ihr einen Gruß ausrichten. Leider hat Steffi den Namen der Frau vergessen und beschreibt sie nun ihrer Mutter.

Merkmale einer Personenbeschreibung

Wenn eine Straftat begangen wurde, ist die Polizei auf eine **sachlich richtige und präzise** Beschreibung angewiesen, um ein Phantombild herzustellen. Aber auch wenn eine Person **vermisst** wird, benötigen die Behörden derartige Angaben.

Damit sich der Leser ein inneres Bild von dem Menschen aufbauen kann, gibt man zunächst **Geschlecht** und ungefähres **Alter** an.

Dann folgt der **Gesamteindruck**, also Größe oder auffällige Merkmale. Zu diesen gehören eventuell auch Hautfarbe, Narben oder ungewöhnliche Nasenformen. Angaben zu **Haar und Frisur** spielen ebenfalls eine große Rolle, weil sie erheblich zum Aussehen eines Menschen beitragen.

Die weitere Beschreibung befasst sich mit den einzelnen Körperteilen, wobei das **Gesicht** eine große Rolle spielt. Hier ist die Augenpartie von Bedeutung, weil Augenfarbe und -formen sowie der Ausdruck den Gesamteindruck von einem Menschen sehr stark prägen. Auch **Sprache, Stimme** und **Körperhaltung** tragen zu einer genauen Beschreibung bei.

Auch wenn man den Menschen nicht kennt, kann man aus vielen dieser Angaben Rückschlüsse auf **charakterliche Eigenschaften** ziehen, die das Bild vervollständigen.

In einer vollständigen **Charakteristik** versucht man nicht nur, die äußere Erscheinung eines Menschen wiederzugeben, sondern dessen **Wesen**. Dazu erwähnt man **Eigenschaften, Gewohnheiten** und **Vorlieben** und versucht, die ganze Persönlichkeit darzustellen.

1

Entscheide, auf welche der abgebildeten Frauen diese Beschreibung zutrifft.

Die Frau ist etwa Ende dreißig oder Anfang vierzig und relativ groß gewachsen. Ihre Haare sind dunkelblond mit rötlichen Strähnen, sie trägt sie kinnlang und offen. Das Gesicht ist oval und relativ hellhäutig. Sie trug eine randlose Brille. Unter den geschwungenen Brauen hat sie freundliche blaue Augen mit kleinen Lachfalten in den Augenwinkeln. Auch als sie mit mir gesprochen hat, hat sie gelacht. Aufgefallen ist mir noch, dass sie einen silbernen Ohrschmuck trug und eine helle Stimme hat. Sie trug einen eleganten Hosenanzug.

a)

b)

c)

2

Hier findest du eine Auswahl von hilfreichen Angaben für die Beschreibung einer Person. Ordne sie in die Tabelle ein:

athletisch – aufrecht – blass – buschig – eingesunken – fahl – füllig – gebogen – gebückt – geradlinig – gerötet – gestylt – gesund – Halbglatze – hervorstehend – kahl rasiert – kantig – korpulent – kränklich – langhaarig – lockig – mager – mandelförmig – oval – pausbäckig – rundlich, schief – schlank – schulterlang – spitz – stämmig – strähnig – zierlich

Körperbau	
Frisur und Haare	
Gesichtsform und -farbe	
Augenform und Augenbrauen	
Körperhaltung	

3

Welche dieser Angaben könntest du nennen, wenn du die beiden anderen Frauen beschreiben müsstest?

Bild a) ____

____

____

____

Bild c) ____

____

____

____

____

4

Stefanies Mutter hat aufgrund der Beschreibung ihrer Tochter ihre ehemalige Kollegin Beate wiedererkannt. Lies ihre Aussage gut durch und unterstreiche alle Adjektive, die Auskunft über Beates Charakter geben.

Das kann nur Beate sein. Ich habe sie seit einiger Zeit aus den Augen verloren und muss mich unbedingt bei ihr melden, denn es tut mir leid, dass ich sie so lange nicht gesehen habe.
Beate ist nämlich ein äußerst interessanter Mensch und hat kein leichtes Schicksal. Seit Jahren kümmert sie sich um ihre Mutter, die schwer erkrankt ist. Obwohl die alte Dame einen Platz in einem Pflegeheim hat, weigert sich Beate, ihre Mutter in fremde Hände zu geben. Es ist bewundernswert, wie geduldig und mitfühlend sie mit ihr umgeht. Dabei muss Beate in ihrem Beruf oft entschieden und hartnäckig sein. Sie ist Personalchefin in meiner ehemaligen Firma und muss sich dort auch in schwierigen Situationen durchsetzen. Manchmal fand ich ihre Entscheidungen etwas hart, aber später musste ich einsehen, dass sie richtig waren.

Bevor sie ihre Mutter bei sich aufgenommen hat, ist Beate viel gereist. Ich glaube, sie hat schon die halbe Welt gesehen und sie spricht auch viele Sprachen. „Reisen ist mein einziges Hobby", sagt sie immer.
Aber dabei vergisst sie zu erwähnen, dass sie eine talentierte Fotografin ist. Eigentlich bin ich kein Freund von Diaabenden, aber Beates Reisefotos zu betrachten ist ein reiner Genuss. Vermutlich bedauert sie manchmal, dass sie nie geheiratet hat und keine Kinder hat. Aber sie ist ein Mensch, der das Beste aus jeder Lebenssituation zu machen versteht. Sie ist sehr gesellig und liebt komische Filme, weil sie so gerne lacht.
Was ich besonders an ihr schätze, ist ihre Fähigkeit zuzuhören. Ich bin schon einige Male mit einem Problem zu ihr gekommen und sie hat mich sehr aufmerksam ausreden lassen. Meistens hatte sie nicht nur einen guten Rat zur Hand, sondern auch einen Witz, der die Lage in einem anderen Licht erscheinen lässt. Aber mit Menschen, die ständig jammern, kann sie nichts anfangen. Deswegen sucht sie sich ihre Freunde gut aus und ich bin stolz, dass ich dazugehöre.

5

Welches Adjektiv findest du für einen Menschen, der

a) sich oft durchsetzen muss ____________________

b) der viel von der Welt gesehen hat ____________________

c) der viele Sprachen spricht ____________________

d) der keine Kinder hat ____________________

e) der gut zuhören kann ____________________

f) der oft einen guten Rat zur Hand hat ____________________

g) der auch die heitere Seite einer schwierigen Situation erkennt ____________________

h) der sich etwas sehr genau aussucht ____________________

6

Beates Mutter hat ihre Freundin nicht nur durch Adjektive charakterisiert, sondern auch durch Beispiele und Belege. Woran ist erkennbar,

a) dass Beate geduldig und mitfühlend ist, ______________________

b) dass sie auch hart sein kann, ______________________

c) dass sie eine talentierte Fotografin ist, ______________________

d) dass sie gerne lacht? ______________________

7

Betrachte das Foto von Stefan (links) und Mark (rechts) genau.

Notiere dir Angaben zu Stefans Kleidung.

Kopfbedeckung ______________________

____

Oberbekleidung ______________________

____

Hosen ______________________

____

Schuhe ______________________

Auffälliger Gegenstand ______________________

8

Wie stellst du dir Stefans Charakter oder Vorlieben vor? Schreibe in dein Übungsheft einen kurzen Text, bei dem du deiner Fantasie freien Lauf lassen kannst.

1

Betrachte nun Mark und notiere dir Angaben zu Alter, Figur, Körperhaltung, Gesicht, Frisur, Kleidung und besonderen Merkmalen.

2

Wie unterscheiden sich Stefan und Mark? Wie stellst du dir ihre Beziehung vor?

3

Schreibe nun eine zusammenhängende Personenbeschreibung von Mark in dein Übungsheft.

2.6 Checkliste: Personenbeschreibung und Charakteristik

Um eine Personenbeschreibung zu verfassen, solltest du die folgenden Punkte abhaken können:

1. Du hast dir die Person gut angeschaut und dir mithilfe des Wissenskastens „Merkmale einer Personenbeschreibung" Notizen zu deren äußerer Erscheinung gemacht. ☐
2. Dir ist bewusst, welchen Zweck dein Text erfüllen soll: Eine Vermisstenmeldung oder ein Steckbrief benötigt z. B. die Betonung auffallender Merkmale der Person, während die Beschreibung eines Freundes mehr das Gesamtbild des Menschen umfasst. ☐
3. Bei der Beschreibung achtest du darauf, dass zunächst allgemeine Angaben formuliert werden und dann auf das Besondere eingegangen wird. ☐
4. Besondere Merkmale wie Gesichtsausdruck oder charakterliche Eigenschaften formulierst du erst am Schluss. ☐
5. Bei einer Charakteristik hast du zunächst das äußere Erscheinungsbild der Person beschrieben. Danach bist du auf ihr Wesen eingegangen. ☐
6. Du verwendest in deinem Text genaue Adjektive und treffende Verben und formulierst im Präsens. ☐
7. Zum Schluss überprüfst du deinen Text in Bezug auf Ausdrucksfehler und verbesserst alle Rechtschreibfehler. ☐

2.7 Ein Bild beschreiben

Situation

Marius wünscht sich zum Geburtstag ein ganz besonderes Poster. Er beschreibt es seiner Mutter, damit sie es im Internet finden kann.

Merkmale einer Bildbeschreibung

Anhand einer Bildbeschreibung soll es dem Leser möglich sein, sich **ein Gemälde, eine Zeichnung oder ein Foto** genau vorzustellen.

Daher musst du nicht nur auf **klaren, sachlichen und genauen Ausdruck** achten, sondern deinen Text so aufbauen, dass dein Leser zunächst einen **Gesamteindruck** bekommt und danach die **Einzelheiten** des Bildes vor seinem inneren Auge aufbauen kann.

In der **Einleitung** informierst du über Maler, Titel und Entstehungszeit des Bildes, soweit dir diese Angaben bekannt sind. Außerdem gibst du an, um welche Art der Abbildung und der Maltechnik es sich handelt.

Im **Hauptteil** gehst du auf folgende Fragen ein:

- Was ist das **Thema** des Bildes und was fällt besonders auf?
- Was kann man in der **Bildmitte**, in den **Randbereichen**, im **Vorder- und im Hintergrund** erkennen?
- Was lässt sich über die **Farben** und die **künstlerischen Mittel** sagen? Dabei kannst du mit dem Vordergrund beginnen und über die Bildmitte den Hintergrund beschreiben; du kannst jedoch auch die Bildbereiche von rechts nach links oder umgekehrt aufführen. Dies ist abhängig von der Komposition.

Im **Schluss** erwähnst du, wie das Bild auf dich wirkt oder welche Absicht der Künstler vermutlich hatte.

Die Bildbeschreibung wird im **Präsens** verfasst.

1

Welche Beschreibung macht es der Mutter am leichtesten, das Bild zu finden und es zu bestellen?

a) Es ist ein ganz komisches Bild; das, was man sieht, gibt es eigentlich gar nicht. Aber deswegen gefällt es mir so gut, denn es ist ganz irre.
Du siehst zwei Hände, die auf einem Papier zeichnen. Aber die Hände gehören zu niemandem, sie sind selbst auf dem Papier aufgezeichnet.

b) Es ist eine Lithografie – das ist eine besondere Art zu drucken – von Maurits Cornelis Escher aus dem Jahr 1948. Ursprünglich ist das Werk 28,2 x 33,2 cm groß, aber das Poster wird größer sein. Man kann darauf zwei Hände erkennen.

c) Das Bild von M.C. Escher ist ein Schwarz-Weiß-Druck und hat ein rechteckiges Format. Der Betrachter schaut von oben auf ein ebenfalls rechteckiges Blatt Zeichenpapier, das diagonal auf einer Unterlage liegt. Auf die linke Seite dieses Blattes wurden die Umrisslinien eines Hemdaufschlags gezeichnet, aus dem eine Hand ragt. Ab dem Handgelenk verwandelt sich die gezeichnete Hand in eine scheinbar wirkliche Hand, die einen Stift hält und über das Zeichenblatt herausragt. Mit dem Stift zeichnet diese Hand links oben den Hemdaufschlag zu einer weiteren Hand, die wiederum ab dem Handgelenk zu einer dreidimensionalen Hand wird, die über das Blatt hinausragt, einen Stift hält und mit diesem den Hemdaufschlag zu der ersten Hand zeichnet. Das Bild verwirrt den Betrachter, weil darin etwas Unmögliches dargestellt wird.

2

a) Welche Angaben fehlen in Text a) und welche sind überflüssig?

____

____

b) Warum kann man sich in Text b) das Bild nicht vorstellen?

____

____

c) Untersteiche in Text c) die Angaben zu Künstler, Art des Kunstwerks, Formaten, Angaben zu Bildaufteilung und zur Wirkung auf den Betrachter.

3

Konntest du dir Eschers Bild vorstellen? Wenn du es nun genau betrachtest, kannst du ankreuzen, welche weiteren Angaben zu seinem Bild zutreffen.

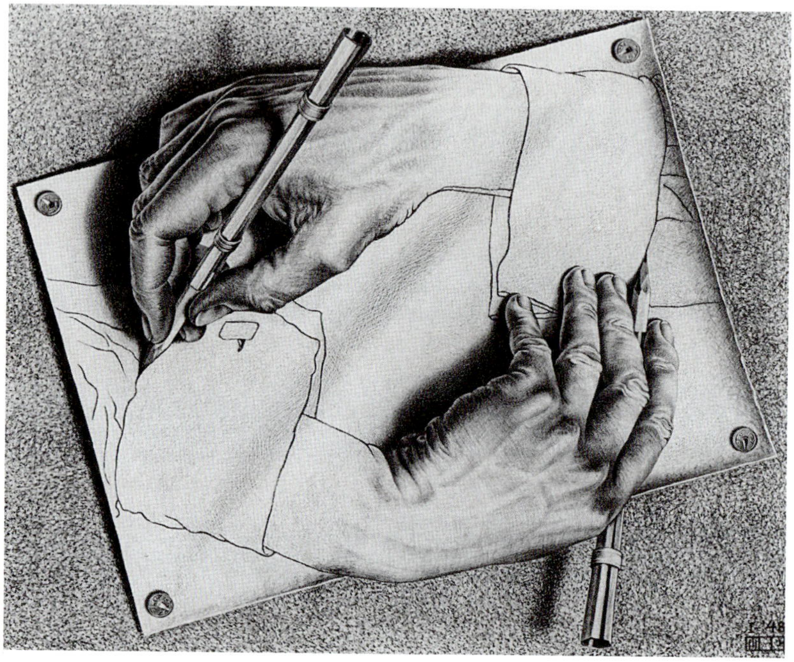

a) Das Zeichenblatt liegt diagonal von rechts unten nach links oben auf der Unterlage. ☐

b) Diese besteht eindeutig aus Holz. ☐

c) Das Blatt berührt mit seinen vier Ecken die Seitenränder der Abbildung. ☐

d) Es scheint lose auf der Unterlage zu liegen. ☐

e) Die zeichnenden Hände bilden zusammen mit den Hemdaufschlägen eine kreisähnliche Form. ☐

f) Die Hände sind völlig gleich. ☐

g) Die Ansichten der Hände unterscheiden sich. ☐

h) Die Hände wirken deshalb so realistisch, weil sie Schatten werfen. ☐

i) Es wird ein Spiel mit der Wirklichkeit betrieben. ☐

4

Betrachte das Foto auf der nächsten Seite genau und kreuze dann die richtigen Angaben an. (Mehrfachlösungen möglich)

Das Foto zeigt
a) ein altes Bauernhaus ☐
b) den Eingangsbereich eines alten Bauernhauses ☐
c) einen Besen ☐

Ungefähr in der Bildmitte sieht man
d) den gut erkennbaren Innenbereich des Hauses ☐
e) die halb geöffnete alte Holztür des Hauses ☐
f) eine Laterne ☐

Im linken und im rechten Bildbereich erkennt man
g) gleich große Ausschnitte von der Hauswand ☐
h) links einen etwa halb so großen Ausschnitt von der Hauswand wie rechts ☐
i) die von der Sonne beschienenen Hauswände ☐

Die Wände des Hauses links und rechts von der Tür sind aus
j) teils verwittertem Mauerwerk mit zwei Vorsprüngen neben der Tür ☐
k) aus dunklem Holz ☐
l) mit einer Laterne versehen ☐

Neben den Vorsprüngen erkennt man
m) links die oberen Äste eines Weinstocks ☐
n) rechts einen Weinstock mit verschlungenen Ästen ☐
o) rechts einen Besen ☐

Der Besen im Vordergrund
p) ist ein alter Reisigbesen mit umwickeltem Schaft ☐
q) lehnt an der rechten Türöffnung ☐
r) lehnt schräg an der linken Türöffnung ☐

1
Stelle zunächst fest, ob deine Antworten von Aufgabe 4 richtig sind.

2
Schreibe nun aufgrund deiner Antworten eine vollständige Bildbeschreibung in dein Übungsheft. Beachte dabei die Angaben zu den Merkmalen einer Bildbeschreibung.

2.8 Checkliste: Bildbeschreibung

Wenn du eine Bildbeschreibung verfasst, solltest du die folgenden Punkte abhaken können:

1. Du hast das Bild sehr genau betrachtet und dich über Künstler und Entstehungszeit informiert. ☐
2. Du kannst angeben, was das Hauptmotiv des Bildes ist bzw. was den Künstler am Motiv gereizt haben mag; damit hast du im Allgemeinen das Thema der Darstellung erfasst. ☐
3. Mithilfe dieser Angaben formulierst du die Einleitung. ☐
4. Dir ist klar, dass dein Leser geordnete Informationen braucht, damit sein inneres Auge aufgrund deiner Beschreibung das Bild aufbauen kann. ☐
5. Dies hilft dir bei der Entscheidung, ob du die Blickrichtung von der Bildmitte aus nach außen lenkst oder umgekehrt oder einen anderen Weg wählst, das Dargestellte in Worte zu fassen. ☐
6. Da du durch diese Entscheidung den Aufbau des Hauptteils bestimmt hast, achtest du nun auf eine klare, präzise Sprache, die Formen und Farben erfasst. ☐
7. Du formulierst einen abrundenden Schluss, in dem du die Gesamtwirkung beschreibst und vielleicht auch deinen persönlichen Eindruck wiedergibst. ☐
8. Nun überprüfst du deinen Text und achtest auf einwandfreie Rechtschreibung und verständlichen Ausdruck. ☐

2.9 Eine Vorgangsbeschreibung verfassen

Situation

Lisas Großmutter hat jetzt auch ein Handy. Sie möchte wissen, wie man eine SMS schreibt.

Merkmale einer Vorgangsbeschreibung

Eine Vorgangsbeschreibung wird im täglichen Leben sehr oft benötigt, wenn man Informationen über einen Ablauf vermitteln möchte. Dies kommt z. B. bei **Gebrauchsanweisungen** oder **Spielbeschreibungen** vor, aber auch bei **Rezepten, Wegbeschreibungen** oder **Versuchsanleitungen**.

Dazu macht man sich zunächst auf einem Notizzettel die einzelnen Phasen oder Abschnitte des **Ablaufs** klar und bringt sie in die richtige Reihenfolge.

Dann formuliert man den Text in **übersichtlichen und klaren Sätzen**.

Man benutzt **Konjunktionen** oder **Adverbiale**, die Aufschluss über zeitliche und örtliche Zusammenhänge oder Bedingungen geben.

Ein **genauer Ausdruck** ist wichtig. **Fachwörter** sind dann sinnvoll, wenn der Leser sie ohne Mühe verstehen kann.

Die Vorgangsbeschreibung wird im **Präsens** formuliert.

1

Unterstreiche in diesem Text alle Fachbegriffe.

Wenn du eine SMS schreiben willst, musst du natürlich zunächst einmal dein Handy einschalten und den Zugangscode eingeben. Dann drückst du auf die Taste Menu. Hier wird dir angeboten, was du alles mit dem Handy machen kannst. Du drückst so lange auf die Menutaste, bis auf dem Display „Nachrichten verfassen“ oder ein entsprechendes Bild erscheint. Dies bestätigst du mit OK. Dadurch ist das Nummernfeld auf dem Handy so umgestellt, dass du einen Text eingeben kannst.

Du siehst, dass auf den Nummerntasten 2 bis 9 jeweils mindestens drei Buchstaben aufgeführt sind und zwar in alphabetischer Reihenfolge.
Wenn du nur einmal auf eine Nummerntaste drückst, erscheint der erste der aufgeführten Buchstaben auf dem Display, wenn du zweimal drückst der zweite. Beim dreimaligen oder viermaligen Drücken der jeweils letzte.
So kannst du also einzelne Wörter formulieren. Für die Wortzwischenräume benutzt du die Taste 1. Wenn du bei deinem Handy diese Taste zweimal drückst, kannst du einen Satz mit einem Punkt beenden.

Da SMS Short Message Service bedeutet, kannst du natürlich nicht ganze Romane versenden. Falls deine Nachricht also fertig ist, drückst du auf OK. Im Display erscheint jetzt die Frage „Nachricht versenden“ und dies bestätigst du wiederum mit der OK-Taste. Nun wirst du aufgefordert, die Telefonnummer des Empfängers einzugeben. Wenn du das erledigt hast, wird deine SMS in Sekundenschnelle beim Empfänger gelandet sein.

2

Schreibe aus dem Text alle Konjunktionen, Präpositionen und Adverbien heraus, die Auskunft über folgende Umstände geben:

Zeitverhältnisse	Bedingungen / Art und Weise	Ursache und Wirkung

3

Überlege dir, warum viele von ihnen am Satzanfang stehen.

4

Diese Vorgangsbeschreibung hat Lisas Großmutter gut verstanden. Aber sie möchte, dass Lisa ihr noch einmal in Kurzform die einzelnen Handlungsabschnitte aufschreibt. Vervollständige die Liste.

Eine SMS schreiben

1. *Handy einschalten*
2. ________________
3. ________________
4. *Buchstaben durch ein- oder mehrmaligen Tastendruck aufrufen und jeweils durch OK bestätigen*
5. *Leerstellen zwischen Wörtern* ________________
6. ________________
7. ________________
8. ________________

5

Lisas Großmutter revanchiert sich und gibt ihr das Rezept für French Toast, einer Lieblingsspeise ihrer Enkelin.

a) Füge die folgenden Begriffe ein:
anschließend – beidseitig – brutzelnde – dann – nun – sämigen – so lange – verquirlst – zunächst – in der Zwischenzeit – zum Schluss

__________________ vermischst du einen halben Liter Milch

mit einem rohen Ei und __________________ diese Masse

zu einer ________________ Flüssigkeit. Du schüttest sie

__________________ in einen Suppenteller und weichst die

Toastbrotscheiben __________________ ein, bis sie gut durch-

gezogen sind und die Mischung aufgenommen haben.

__________________ hast du Margarine oder Butter in einer flachen

Pfanne erhitzt. Du legst __________________ die Brotscheiben in das

__________________ Fett und brätst sie __________________

goldbraun an.

__________________ servierst du sie auf einem großen flachen Teller

und streust ________________ noch etwas Zimt darüber.

b) Unterstreiche nun alle Verben in diesem Text, die man für die Formulierung eines Rezepts gebrauchen kann.

6

Hier stimmt etwas nicht. Finde die richtigen Verbindungen.

a) ein Steak auf dem Rost kneten
b) einen Tee wenden
c) Wasser dünsten lassen
d) den Teig köcheln lassen
e) das Gemüse sieden
f) eine Soße aufbrühen
g) ein Kotelett in der Pfanne grillen

7

Im Physikunterricht sollen die Schüler herausfinden, wie es zu dem nachteiligen Effekt des Windschattens kommt. Dazu haben sie ein Experiment gemacht, zu dem sie eine Versuchsbeschreibung formulieren sollen.

Bringe den folgenden Text in die richtige Reihenfolge.

a) Die Luftströme gleiten schnell an der Flasche vorbei.
b) Dann stellt man eine Flasche genau vor die Kerze.
c) Man stellt zunächst eine brennende Kerze auf den Tisch.
d) Dahinter treffen sie wieder mit großem Schwung aufeinander.
e) Nun bläst man gegen die Flasche.
f) Daher erlischt die Kerzenflamme.
g) Bei einem bestimmten Abstand können sie wegen dieser oben beschriebenen Luftströme in eine gefährliche Zone geraten.
h) Diesen Effekt müssen Autofahrer beachten, wenn sie auf der Autobahn hinter einem Lastwagen fahren.

8

Melanie will das Open-Air-Konzert ihrer Lieblingsband in der Nachbarstadt besuchen. Sie bittet Benni um eine Wegbeschreibung zum Aufführungsort. Trage in Bennis Beschreibung die fehlenden Orts- und Richtungsangaben ein.

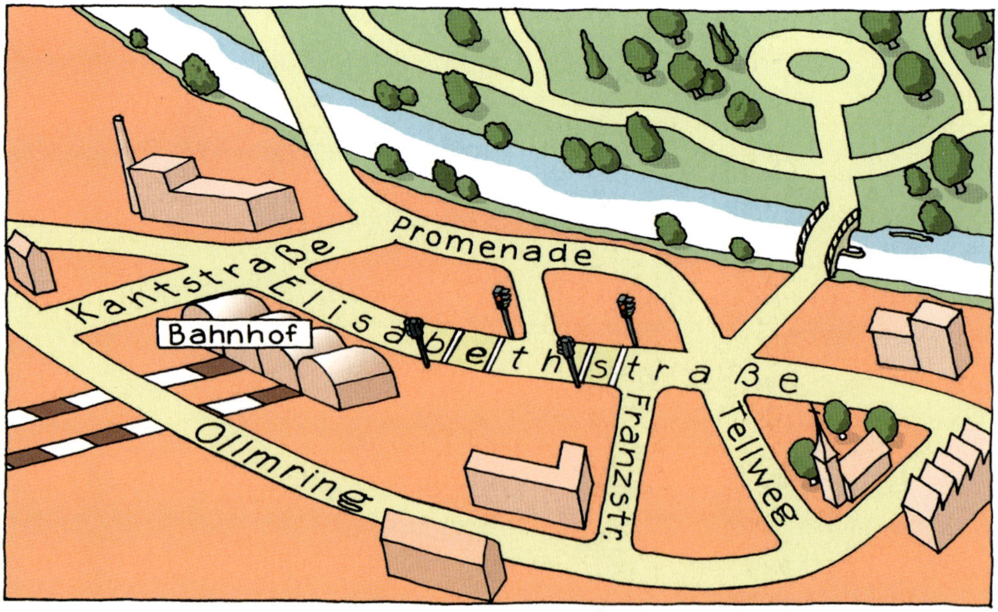

Wenn du am Bahnhof angekommen bist, wendest du dich nach ____________ und gehst die Elisabethstraße entlang. An der ____________ Ampel ____________ du diese Straße und läufst noch etwa 100 Meter weiter. Dann kommst du an eine ____________. Du nimmst die Straße ____________ und gehst so lange ____________, bis du an eine Brücke kommst. Diese überquerst du. ____________ beginnt der Stadtpark. In dessen ____________ befindet sich ein Rondell, wo das Konzert stattfindet.

9

Füge die folgenden Verben an der richtigen Stelle ein:

anklicken – aufrufen – bedienen – einschalten – eingeben – abwarten – scrollen – klicken

Eine Internet-Suchmaschine ____________

1. Computer ____________
2. Internetverbindung ____________
3. Die Website einer Suchmaschine ____________
4. In das obenstehende leere Feld den Suchbegriff ____________
5. Die Liste der Link-Angebote ____________
6. Auf den gewünschten Link mit der linken Maustaste ____________
7. Die Bildschirmseite so lange ____________, bis eine passende Information gefunden wurde.

10

Folgende Anleitung für ein „Mensch-ärgere-dich-nicht"-Spiel ist nicht vollständig. Ergänze die fehlenden Begriffe.

Es können vier ________________ gegeneinander spielen. Ziel des Spiels ist es, als erster alle eigenen vier ____________________________ in das Zielfeld __________________ zu haben.

Zunächst ______________ jeder Spieler seine vier Spielfiguren in sein Startfeld. Wer die höchste Zahl _____________________ hat, kann beginnen. ___________ wenn man eine Sechs gewürfelt hat, kann man jeweils eine Spielfigur auf das Spielfeld schicken und die Spielfigur um so viele ______________ weit ziehen, wie es die gewürfelte Zahl angibt. Es wird ______________ gewürfelt und die Figuren werden vorgerückt. Wenn allerdings eine Spielfigur auf ein Spielfeld ______________, auf dem bereits die Figur eines Mitspielers steht, muss diese zurück ins Startfeld. Da dies auch kurz vor dem _______________ geschehen kann, gilt der Spruch „Mensch ärgere dich nicht!" Die Spielfiguren können sich erst dann in das sichere Zielfeld retten, wenn genau die ___________________ Zahl gewürfelt wurde.

Seit Sabine ihr Taschengeldkonto bei der örtlichen Sparkasse hat, kann sie auch Beträge vom Geldautomaten abheben. Formuliere eine zusammenhängende Vorgangsbeschreibung aufgrund dieser Bildschirmangaben.

(1)

Willkommen
bei der
Sparkasse

(2)

Bitte, geben Sie Ihre
Geheimnummer ein.
****

(3)

Möchten Sie
▶ eine Auszahlung
oder Ihren
Kontostand erfahren? ◀

(4)

Wie viel möchten Sie abheben?

▶ 20 €	**150 € ◀**
▶ 50 €	**200 € ◀**
▶ 100 €	**250 € ◀**

(5)

Bitte,
haben Sie
einen Augenblick
Geduld.

(6)

Bitte,
entnehmen Sie
Ihre Geldkarte.
Vielen Dank.

2.10 Checkliste: Vorgangsbeschreibung

Wenn du eine Vorgangsbeschreibung formulierst, solltest du die folgenden Punkte abhaken können:

1. Du hast den zu beschreibenden Vorgang zunächst in seinen Einzelheiten erfasst und verstanden. ☐
2. Dir ist auch klar, wem diese Vorgangsbeschreibung dienen soll und welches Vorwissen bereits besteht. ☐
3. Auf einem Stichwortzettel hast du dir nun die Reihenfolge der einzelnen Schritte notiert und überprüft, ob sich der Leser anhand dieser Reihenfolge ein Bild von dem Geschehen machen kann. ☐
4. Nun beschreibst du den Ablauf genau und mit den nötigen Fachbegriffen. Falls du Fachbegriffe verwenden musst, die der Leser nicht kennt, erläuterst du sie. ☐
5. Du achtest dabei auf Adverbien, Konjunktionen und Präpositionen, die das Verständnis erleichtern. ☐
6. Dein Satzbau ist übersichtlich und klar; du hast im Präsens formuliert. ☐
7. Nun überprüfst du noch, ob dir nicht unnötige Rechtschreib- oder Ausdrucksfehler unterlaufen sind. ☐

Argumentieren

3 Argumentieren

3.1 Start

1

Entscheide dich für die richtigen Aussagen. Die dazugehörenden Buchstaben ergeben ein Lösungswort.

1. Wenn Menschen unterschiedliche Meinungen haben,
a) kommt es automatisch zum Streit K
b) sollten sie ihre Standpunkte sachlich verdeutlichen I
c) bringt es niemandem etwas W

2. Wenn man argumentiert,
a) bewertet man die Meinung des anderen S
b) beharrt man auf seiner eigenen Meinung T
c) legt man begründet seinen Standpunkt dar N

3. Ein einzelnes Argument enthält
a) eine Behauptung O
b) eine Gegenüberstellung G
c) eine Begründung R

4. Sinn eines argumentativen Textes ist es,
a) jemanden zu überzeugen D
b) einen Sachverhalt zu beschreiben B
c) jemanden zu überreden R

5. Zu den Texten, in denen argumentiert wird, gehört
a) die Verteidigungsrede N
b) die Erörterung U
c) der Bericht S

6. Wenn man eine Erörterung schreibt,
a) ist die Einleitung wichtig N
b) legt man seine persönliche Meinung zu einem Thema dar E
c) untersucht man sachlich die Themafrage G

Lösungswort: ______________________________

2

Stelle fest, bei welchen der folgenden Aussagen sachlich argumentiert wird.

a) Ich finde deine Frisur absolut unmöglich!

b) Deine Frisur ist ungünstig, denn sie betont deine abstehenden Ohren.

c) Willst du ohne Pickel sein,
deine Haut ganz klar und rein,
hol dir schnell das Wunder-Gel
denn es hilft todsicher schnell.

d) Was auf den Tisch kommt, wird gegessen!

e) Nimm dir nur so viel auf deinen Teller, wie du essen magst. Ich finde es nicht schön, wenn man zu viele Essensreste wegwerfen muss.

f) Die Zusammensetzung der Creme enthält Wirkstoffe, die Hautunreinheiten beseitigen. Dazu trägt vor allem die Kamille bei, die als Heilmittel bekannt ist.

3.2 Eine Argumentation formulieren

Situation

Die SMV hat angeregt, dass der letzte Schultag vor den Weihnachtsferien mit festlichen Aktionen der gesamten Schule gestaltet werden soll. Der Schulleiter ist noch nicht ganz überzeugt und bittet den Schulsprecher Sven um eine Stellungnahme mit einer Begründung.

Merkmale einer Argumentation

Dass Menschen **unterschiedliche Meinungen** zu einem Thema, einer Frage oder einem Sachverhalt haben, gehört zum Alltag. Das bedeutet allerdings nicht, dass man es bei dem gegenseitigen Unverständnis belassen oder gar einen Streit riskieren muss.

Wer seinen **Standpunkt überzeugend formulieren** und **begründen** kann, trägt dazu bei, dass ein Gesprächspartner oder Leser die eigene Meinung überprüfen kann und dass eine gemeinsame Aufgabe vielleicht besser gelöst wird. Diesen Vorgang nennt man **Argumentieren**.

In einer Argumentation wird zunächst eine **These** formuliert. Dies kann eine Behauptung oder auch eine Forderung sein.
Beispiel:
Ein weihnachtlicher Aktionstag hat viele Vorteile. (Behauptung)
Wir sollten einen Aktionstag veranstalten. (Forderung)

Eine solche These muss jedoch begründet werden, damit deutlich wird, wie es zu diesem Standpunkt kommt. Die **Begründung** kann mit den Konjunktionen **weil, denn** oder **da** angefügt werden oder sich einfach aus der Satzfolge ergeben.
Beispiel:
Ein weihnachtlicher Aktionstag ist sinnvoll, denn dadurch wird der Zusammenhalt der Schule gestärkt. Es gibt viele Vorteile eines solchen Aktionstages. Einer davon ist die Stärkung des Gemeinschaftsgefühls.

Wenn These und Begründung noch durch ein **Beispiel** oder einen **Beweis** untermauert werden, gewinnt die Argumentation an Überzeugungskraft.

1

Entscheide, welche Stellungnahme zu dem Vorschlag einer gemeinsamen Weihnachtsfeier den Schulleiter am ehesten überzeugen könnte.

a) Ein gemeinsamer Aktionstag ist doch einfach cool, das haben wir noch nie gehabt. Normalerweise sind alle Videogeräte am letzten Schultag vor den Ferien besetzt, weil sich jede Klasse einen Film reinzieht und die Lehrer nicht wissen, was sie mit uns machen sollen.

b) Bei einer solchen Schulfeier könnten wir viel machen. Jede Klasse denkt sich etwas aus, was in ihrem Zimmer stattfinden kann: ein Café vielleicht oder Schachspiele. In manchen Klassen kann man auch Weihnachtsschmuck basteln oder Geschenke verpacken lassen. Alle Schüler können von Klasse zu Klasse gehen und das Angebot wahrnehmen. Und am Ende können wir in der Aula zu einem gemeinsamen Singen zusammenkommen.

c) Eine gemeinsame Weihnachtsfeier mit Aktionen der Schüler hat viele Vorteile. Zum einen wird vermieden, dass die Klassen einfach nur halbherzig beschäftigt werden, wie es in der letzten Zeit vielfach vorkam. Durch unterschiedliche, vorher geplante Aktivitäten oder Basare in den ersten Stunden werden sie dagegen angeregt, selbstständig zu organisieren und ihre Ideen und ihre Kreativität einzusetzen. Dadurch können auch Erlöse erzielt werden, die die Schule einer gemeinnützigen Organisation spenden kann. Und wenn wir am Ende zu einem gemeinsamen Abschluss in der Aula zusammenkommen, stärkt dies das Gemeinschaftsgefühl an unserer Schule.

2

Für die Stellungnahme c) hat sich Sven, der Schulsprecher, zuvor einen Notizzettel gemacht. Vervollständige ihn stichwortartig.

These: ______________________________

1. Begründung: ______________________________

2. Begründung: ______________________________

3. Begründung: ______________________________

4. Begründung: ______________________________

3

Noch kann sich der Schulleiter das Konzept nicht vorstellen. Er möchte, dass Sven ihm Beispiele für seine Begründungen gibt. Ordne diese Beispiele den vier Begründungen zu.

a) Es gibt im normalen Schulleben sehr wenig Gelegenheit, an einem gemeinsamen Konzept zu arbeiten, eine vielfältige Aufgabe zu organisieren und durchzuführen. Durch die Umwandlung der Klassenzimmer in Cafés, Spiel- oder Bastelzimmer, durch Wettbewerbe oder Flohmärkte könnten wir Schüler Talente und Fähigkeiten einbringen, die eine Bereicherung für alle darstellen.

b) Lehrer wie Schüler haben ja am letzten Schultag oft keine Lust auf einen regulären Unterricht und so werden die letzten Stunden mit Kartenspielen, Videofilmen oder gelangweiltem Herumhängen verbracht.

c) Wir haben Mitschüler aus vielen Nationen der Welt. Da könnte man doch zum Beispiel unterschiedliche Weihnachtsbräuche oder Weihnachtslieder vorstellen. Dadurch erfährt man mehr voneinander und versteht sich besser.

d) Es ist ein schönes Gefühl, wenn man nicht nur seinen Spaß hat, sondern auch anderen eine Freude machen kann. Sicherlich sind die Schüler stolz darauf, wenn ein Teil ihrer Umsätze an UNICEF oder die Aktion Mensch geht.

4

Löse aus diesem Leserbrief die Argumentation heraus. Unterstreiche die These rot, die Begründungen blau und die Beispiele grün.

Zu Ihrem Artikel „Die Musikkultur von heute" vom 30.06.

Mit Sorge betrachte ich seit längerer Zeit die Freizeitgestaltung der heutigen Jugend, die ich am Beispiel meiner eigenen Enkelkinder und deren Freunde recht gut verfolgen kann. Während ich in meiner Jugendzeit ein recht ausgewogenes Verhältnis zwischen Schul- und Berufsbildung, sportlicher Tätigkeit, Engagement in Vereinen und Verbänden erlebte, scheint die heutige Jugend ganz und gar von der Musik verdorben zu werden.

Schon allein das, was die Kids als Musik bezeichnen, ist eine einzige Geschmacksverirrung. Musik hat doch etwas mit Melodie oder Harmonie zu tun. Wenn ich meine Enkel besuche, höre ich aber nur verzerrtes, lautstarkes Geplapper und Gekreisch aus den Kinderzimmern dringen.

Hinzu kommt, dass die jeweiligen Musiker alles andere als Vorbildfiguren für Jugendliche sind. Es handelt sich schließlich nicht nur um exotisch gestylte Gesellen und Gesellinnen, sondern häufig auch um perverse Figuren, die sich voneinander nur in Bezug auf die Scheußlichkeit ihres Make-ups unterscheiden. Als Beispiel für meine Sorge möchte ich nur erwähnen, dass viele dieser populären Personen offen mit dem Gebrauch von Drogen prahlen.

Wenn ich dann noch höre, dass auf den Pop-Konzerten Jugendliche in völlig überfüllten Sälen zusammengepfercht werden und dort mit Wunderkerzen und Feuerzeugflammen ihre Sympathie für die dargebotene Musik demonstrieren, wird mir angst und bange. Immerhin haben wir in letzter Zeit häufig erlebt, wie Hysterie und auch Begeisterung eng gedrängter Massen gefährlich ausufern kann. Kürzlich hörte ich, dass es bei manchen Tänzen darauf ankommt, die Tanzpartner so anzurempeln, dass sie von alleine aus dem Kreis ausscheiden. Hoffentlich eine dumme Ausnahme.

Möglicherweise bin ich für derartige Geschehnisse schon zu alt.

Volker Gerhardt, 38108 Braunschweig

5

Damit ein Leserbrief veröffentlicht wird, muss der Verfasser neben seiner klar formulierten Meinung zwei weitere Voraussetzungen erfüllen. Du kannst sie in der Überschrift und am Ende dieses Briefes erkennen.

Schreibe in dein Übungsheft einen Leserbrief zu dem folgenden Artikel aus dem Stettener Tagblatt vom 8. März. Mithilfe von zwei Argumentationen sollst du deine Zustimmung oder Ablehnung formulieren. Vergiss dabei nicht, die notwendigen Angaben zu machen, damit der Leserbrief veröffentlicht werden könnte.

Aktion „Handyfreies Wochenende“

von Mara Melchior

Achim Paul, Klassenlehrer der 8d der Maria-Ward-Schule, hatte eine „bimmelnde“ Idee. Angesichts der Schüler, die, kaum dem Schulhaus entronnen und dem Unterricht entkommen, sich noch im Schulbereich ihr Handy ans Ohr klebten oder hektisch SMS-Botschaften in die Tastatur tippten, wollte er es wissen: Gibt es für Jugendliche noch ein lebenswertes Leben ohne dieses kleine zirpende, flötende oder säuselnde Instrument? Er sprach mit seiner Klasse darüber – und eines wurde deutlich: Ein Tag ohne Handy schien für viele Schüler beinahe wie ein Tag inmitten der Sahara zu sein oder ganz allein auf einem einsamen Felsen im Ozean. Glücklicherweise ist die Klasse 8d jedoch nicht nur eine handybegeisterte Klasse, sondern auch eine wagemutige. Die Idee, ein ganzes Wochenende ohne Handy auskommen zu wollen, erschien zwar zunächst für manche wie die Ankündigung eines Todesurteils, aber nach und nach wollten es auch die Schüler wissen: Hat man noch ein Leben mit den Freunden und mit der Clique, wenn man sich nicht minütlich und in Sekundenschnelle über den Äther kontaktieren kann?

Und nicht nur die Klasse 8d setzte sich diesem Experiment aus – die ganze Schule machte mit. Und so kam es, dass am gestrigen Freitag 534 Schüler insgesamt 462 Handys ablegten, schweren Herzens die meisten, aber dennoch mit dem Gefühl, zweieinhalb Tage ein beinahe unbekanntes, abenteuerliches Leben zu führen. In der kommenden Woche werden wir darüber berichten, wie die Maria-Ward-Schüler dieses Überlebenstraining erlebten.

3.3 Checkliste: Argumentation

Wenn du eine Argumentation formulieren willst, solltest du die folgenden Punkte abhaken können.

1. Du hast dir zunächst überlegt, was dein Standpunkt zu einem Sachverhalt ist und ob du ihn sachlich begründen kannst. ☐
2. Wenn du ihn nicht sachlich begründen kannst, wie z. B. die Aussagen „Jungs/Mädchen sind blöd", „Meine Eltern leben total hinter dem Mond" oder „Früher waren die Menschen viel fröhlicher als heute" handelt es sich um eine unbeweisbare Behauptung, die man nicht argumentativ vertreten kann. ☐
3. Deine Argumentation hast du mit einer klar und eindeutig formulierten These begonnen oder sie im Verlauf der Argumentation deutlich ausgedrückt. ☐
4. Zu deiner These hast du eine Begründung entwickelt und darauf geachtet, dass diese in einem erkennbaren Zusammenhang zur These steht. ☐
5. Damit deine Argumentation die nötige Überzeugungskraft hat, hast du anhand eines Beispiels vorgeführt, wie oder warum du zu deinem Standpunkt gekommen bist. ☐
6. Falls deine Argumentation Teil einer Stellungnahme oder eines Leserbriefes ist, hast du darauf geachtet, dass Inhalt, Stil und Sprache zu dem betreffenden Leser oder Leserkreis passen. ☐

3.4 Eine Erörterung schreiben

Situation

Kai hat sich sehr über seine Mutter geärgert. Da er weiß, dass es oft zu einem Streit kommt, wenn er mit ihr redet, nimmt er einen Bogen Papier und will ihr erläutern, was ihn stört.

Merkmale einer Erörterung

Eine Erörterung ist ein Aufsatz, in dem du **zusammenhängend einen Sachverhalt oder eine Fragestellung**, die dir vom Thema vorgegeben wird, erläuterst.
Beispiel:
Welche Eigenschaften hat ein guter Freund oder eine gute Freundin?

Bei der Themenstellung unterscheidet man **Themabegriff** (Um was geht es?) und **Themafrage** (Was soll beantwortet werden?).

In einer guten Erörterung wird das **Thema** umfassend bearbeitet und kein wesentlicher Aspekt vergessen. Die einzelnen Gedanken werden als **Argumente** formuliert und durch ein Beispiel ergänzt.

Zu Beginn einer Erörterung steht die **Einleitung**, die den Leser zum Thema hinführt und ihn auf den Hauptteil vorbereitet.

Im **Hauptteil** werden die Argumente so angeordnet, dass sie sich steigern; dadurch gewinnt der Aufsatz an Überzeugungskraft.

Der **Schluss** rundet die Erörterung ab oder fasst das Geschriebene zusammen.

Um alle Aspekte des Themas zu erfassen, stellst du mithilfe einer **Stoffsammlung** zunächst alle Gedanken zusammen, die du für wichtig hältst.

Mithilfe der **Gliederung** ordnest du die Gedanken des Hauptteils und gibst dem Leser Einblick in die Grundgedanken deiner Einleitung und deines Schlusses. Diese Gliederung ist ein wichtiger Bestandteil deiner Erörterung.

1
Lies diesen Brief gut durch.

Liebe Mutti,
es gibt ein paar Dinge, die mir so was von auf die Nerven gehen, aber damit wir uns nicht schon wieder streiten, möchte ich sie dir hier einmal in aller Ruhe aufschreiben.

Ich hasse es, wenn du in mein Zimmer gehst und dort aufräumst. Echt, morgens gehe ich aus meinem Zimmer raus, aber wenn ich mittags zurückkomme, ist es nicht mehr mein Zimmer, sondern dein Zimmer. Ich finde nämlich nichts mehr wieder!!! Meine CDs hast du eingeräumt, aber ich brauche sie neben meinem CD-Player. Meine Trainingsschuhe suche ich ewig unter meinem Bett – und dann finde ich sie unten im Schuhschrank. Warum kannst du meine Sachen nicht in Ruhe lassen?

Noch schlimmer finde ich es, wenn du ewig vor meiner Tür herumgurkst, wenn Fredi und Tom mich besuchen und du uns unbedingt Tee und Plätzchen servieren willst. Das nervt!!! Und außerdem machst du das doch nur, um herauszufinden, was wir da am Computer machen und ob wir nicht irgendwelche schlimmen Dinge herunterladen. Das tun wir nicht, wir wollen bloß in Ruhe ein paar Spiele spielen – aber bitte ohne Plätzchen.

Am schlimmsten ist es aber, wenn du immer wieder die Pickel erwähnst, die zur Zeit so üppig auf mir wachsen. Neulich hast du es sogar getan, als der Fredi dabei war!

So, jetzt muss ich aber aufhören, denn wenn ich weiter schreibe, werde ich total sauer. Das möchte ich aber nicht.

Dein Kai.

2

Der Brief von Kai entspricht natürlich nicht einer Erörterung, wie man sie in der Schule schreibt, aber dennoch kannst du ein paar Grundzüge wiedererkennen.

a) Was ist sein Anliegen bzw. sein Thema?

____

b) Was ist der Grundgedanke seiner Einleitung?

____

c) Was ist der Grundgedanke im Schluss?

____

3

Kai bringt drei Wünsche vor, die er auch begründet. Führe sie hier auf.

a) ____

Begründung: ____________________________________

b) ____

Begründung: ____________________________________

c) ____

Begründung: ____________________________________

____

4

Kai wendet in seinem Brief das Prinzip der Steigerung an. Woran kannst du es erkennen?

3.4.1 Die Themaerschließung

Wer nicht am Thema „vorbei" schreiben will, muss Themabegriffe und Themafrage unterscheiden können.

1

Bei den folgenden Themen ist die Frage bereits vorgegeben. Unterstreiche die Themabegriffe.

a) Welche Eigenschaften sollte ein guter Freund oder eine gute Freundin haben?
b) Warum gehen viele junge Menschen gerne ins Kino?
c) Über welche Themen gibt es im Zusammenleben zwischen Eltern und heranwachsenden Kindern oft Auseinandersetzungen?

2

Bilde zu folgenden Themen die Themafrage.

a) Vorteile eines eigenen Handys
b) Klassenfahrten können für Schüler sehr wertvoll sein.
c) Es gibt zahlreiche Gründe, die junge Menschen heutzutage vom Lesen abhalten.

3.4.2 Die Stoffsammlung

Nachdem du dir über Themabegriffe und Themafrage im Klaren bist, sammelst du Grundgedanken für den Inhalt deiner Erörterung.

1

Safye hat die folgende Stoffsammlung zu dem Thema „Warum gehen junge Menschen gerne ins Kino?“ erstellt.

Streiche die Gedanken weg, die nicht zu der Themafrage gehören.

- im Kino schmeckt Popcorn am besten
- man kann wegen der intensiven Eindrücke für eine Zeit die Welt vergessen
- gute Filme bleiben länger in Erinnerung, als wenn man sie im Fernsehen betrachten würde
- man kann endlich mit Freunden zusammen sein
- ein Kinobesuch mit Freunden verstärkt das Gemeinschaftsgefühl
- Fernsehen zu Hause ist langweilig
- im Kino ist es immer so schön dunkel
- viele Filme bieten einen interessanten Gesprächsstoff
- Kinogehen ist nicht billig

2

Timo hat zu dem Thema „Welche Eigenschaften haben gute Freunde?“ folgende Mindmap erstellt. Ergänze sie, indem du weitere Merkmale hinzufügst.

3.4.3 Die Stoffordnung und Gliederung

Nachdem du aus der Stoffsammlung unwichtige Punkte entfernt und wichtige ergänzt hast, bereitest du die Gliederung vor, indem du die Gedankengänge nach der Wichtigkeit ordnest.

1

Bilde bei den verbliebenen Punkten von Safyes Stoffsammlung eine Reihenfolge, die du mit Zahlen kennzeichnest. Die weniger wichtigen Gedanken stehen am Anfang, die wichtigen am Ende dieser Reihenfolge.

2

Bilde aus Timos Mindmap die Gliederung des Hauptteils einer Erörterung. Dazu formulierst du die Stichpunkte in kurzen Sätzen aus und bildest von Punkt 2 bis 5 eine sinnvolle Reihenfolge.

„Welche Eigenschaften haben gute Freunde?“

A

B 1. Mit guten Freunden teilt man gemeinsame Interessen.

2. ______________________________

3. ______________________________

4. ______________________________

5. ______________________________

C

Bei dieser Gliederung kannst du erkennen, dass nicht nur eine Einteilung in Zahlen vorgegeben ist, sondern auch die Buchstaben A für Einleitung, B für Hauptteil und C für Schluss vermerkt sind. Erst mit diesen Bestandteilen wird deine Gliederung vollständig.

3

Bei Eriks Gliederung zu dem Thema „Was macht Klassenfahrten so wertvoll?“ ist einiges durcheinandergeraten. Füge die Gliederungspunkte richtig ein.

a) Kennenlernen ungewohnter Reiseziele

b) Unterbrechung des gewohnten Schulalltags

c) Im vergangenen Frühjahr hat unsere Klasse eine Klassenfahrt unternommen, an die wir uns gerne erinnern.

d) Stärkung des Gemeinschaftsgefühls

e) Ich hoffe, dass wir noch mehr Klassenfahrten unternehmen werden.

f) Neuartige Erfahrungen und Anforderungen

g) Was macht Klassenfahrten so wertvoll?

h) Verbesserung des Verhältnisses zwischen Lehrer und Schüler

A ______________________________

B ______________________________

1. ______________________________

2. ______________________________

3. ______________________________

4. ______________________________

5. ______________________________

C ______________________________

4

Welcher Unterschied bei der Formulierung der Gliederungspunkte für den Hauptteil besteht zwischen Aufgabe 2 und 3?

3.4.4 Die Einleitung

1

Eine Einleitung hat die Aufgabe, den Leser zum Thema hinzuführen. Entscheide, bei welchem der folgenden Beispiele dies gelungen ist.

a) Unsere letzte Klassenfahrt nach Beingries war zwar sehr anstrengend, aber auch recht schön. In dem nun folgenden Hauptteil möchte ich erörtern, warum das so war.

b) Im vergangenen Frühjahr unternahm unsere Klasse eine Klassenfahrt nach Beingries im Allgäu. Obwohl nicht jeder Schüler von der Aussicht beigeistert war, eine ganze Woche in einem fremden Bett zu verbringen und vielleicht ungewohnte Speisen zu sich nehmen zu müssen, kamen wir begeistert und bereichert zurück. Was macht eine Klassenfahrt eigentlich so wertvoll?

c) Meine Eltern waren nicht erfreut, als sie hörten, dass wir eine Klassenfahrt unternehmen wollten. 300,– Euro, nur für eine Woche, das kann in den heutigen Zeiten nicht jede Familie verkraften. Glücklicherweise gibt es auch öffentliche Zuschüsse für weniger begüterte Familien.

2

Eine Einleitung kann eine eigene Erfahrung beinhalten, ein aktuelles Ereignis erwähnen oder auch von einem Sprichwort ausgehen.

a) Überlege, welche dieser Möglichkeiten in a) und b) umgesetzt wurde.

b) Welche wichtige Aufgabe hat der letzte Satz von Beispiel b)?

c) Warum sind die Beispiele a) und c) nicht gelungen?

3

Schreibe nun in dein Übungsheft eine Einleitung zu dem Thema „Welche Eigenschaften haben gute Freunde?"

Überlege dir zuvor, welche der in Aufgabe 2 angebotenen Möglichkeiten du nutzen willst. Achte darauf, dass du mit einem überleitenden Satz die Themafrage aufgreifst.

3.4.5 Der Hauptteil

Im Hauptteil deiner Erörterung verwandelst du die einzelnen Gliederungspunkte in Argumente und ergänzt sie durch ein Beispiel.

1

Zu dem Thema „Welche Eigenschaften haben gute Freunde?“ schrieb Tina folgenden Aufsatz. Lies den Text aufmerksam und bearbeite anschließend die Aufgaben.

Neulich habe ich ein Sprichwort gehört: „Gute Freunde erkennt man in der Not.“ Es soll bedeuten, dass so mancher Kumpel oder Bekannter in dem Augenblick „abspringt“, wenn man ihn oder sie wirklich braucht. Oft erkennt man erst dann, dass dieser Mensch eigentlich kein Freund war. Aber welche Eigenschaften kennzeichnen eigentlich gute Freunde?

Zunächst gehört wohl dazu, dass man gleiche oder ähnliche Interessen teilt, denn nur so hat man Gesprächsstoff und eine schöne Zeit zusammen. Eine gute Freundin von mir ist mit mir im Mädchen-Fußballverein. Auch wenn wir manchmal gegeneinander spielen, gefährdet das unsere Freundschaft nicht. Und besonders schön ist, wenn wir am Wochenende gegen andere Mannschaften antreten und Sieg oder Niederlage gemeinsam erleben.

Zu einer guten Freundschaft gehört auch, dass man einander kritisieren kann, dies zeigt nämlich, dass man wirkliches Interesse an dem anderen empfindet. Auch wenn ich mich ärgere, wenn mich meine Freundin wegen meiner ständigen Unpünktlichkeit kritisiert, so muss ich ihr dennoch Recht geben. Und im Grunde will sie nur mein Bestes.

Gute Freunde können aber nicht nur reden, sondern auch zuhören, denn sie wissen, dass viele Sorgen und Probleme sich verringern, wenn man sie jemandem mitteilen kann. In solchen Situationen ist mein älterer Bruder für mich ein guter Freund, der sich einfach meinen Ärger und meinen Kummer anhört, bis ich mich besser fühle.

Nicht immer kann ein guter Freund einem einen Rat geben, aber es ist ganz wichtig, dass ein solcher Mensch schweigen kann, denn nur so kann man ihm vertrauen. Neulich hat einer meiner Kumpel mir ein Geheimnis erzählt, was ihm sein sogenannter bester Freund anvertraut hat. Ich hätte es lieber nicht gehört, denn so kann eine Freundschaft zerstört werden.

Das wichtigste Merkmal von guten Freunden ist, dass sie einen nicht allein lassen, wenn man sie braucht. Denn jeder Mensch kann in eine Notlage kommen, wo man auf einen anderen Menschen angewiesen ist.
Als meine beste Freundin letzte Woche in Panik geriet, weil sie auch zwei Tage vor der Mathearbeit den Stoff nicht verstanden hatte, haben wir uns zusammengesetzt und die Aufgaben gemeinsam gelöst. Ich werde nie vergessen, wie dankbar sie mir war, als sie eine Drei geschrieben hatte.

a) Prüfe zunächst, welche Form der Einleitung sie gewählt hat.

b) Untersteiche im Hauptteil mit unterschiedlichen Farben These, Begründung und Beispiel.

2

a) Überlege dir, ob Tina all die Merkmale genannt hat, die du gefunden hast. Welche könnte man noch ergänzen?

b) Hättest du andere Beispiele für Tinas Argumente gefunden? Notiere sie stichwortartig in deinem Übungsheft.

3.4.6 Der Schluss

Ohne einen Schluss hängt ein Aufsatz „in der Luft“. Denn ebenso wie eine gute Einleitung trägt ein abrundender Schluss erheblich zu einem gelungenen Aufsatz bei.

1

Entscheide, welcher Schluss am besten Tinas Erörterung beendet.

a) Wie diese Beispiele zeigen, besteht jede gute Freundschaft aus einem gegenseitigen Geben und Nehmen. Nur wer sich mit Ehrlichkeit und Anteilnahme auf eine solche Beziehung einlassen kann, wird gute Freundschaft erleben oder selbst ein guter Freund sein.

b) Damit habe ich nun alle wichtigen Merkmale von guten Freunden aufgeführt und hoffe, dass ich keine vergessen habe.

c) Übrigens gehört auch Ehrlichkeit zu einem guten Freund. Denn ohne Ehrlichkeit kann eigentlich keine Beziehung gelingen.

2

Formuliere den Schlussgedanken aus, den Erik bei der Gliederung zum Thema „Was macht Klassenfahrten so wertvoll?“ genannt hat.

____

____

____

____

____

____

3.5 Ausdrucksfehler, die man vermeiden kann

1

Wenn du die Formulierung „um zu" benutzt, musst du darauf achten, dass sie sich auf das Subjekt des Hauptsatzes bezieht. Verbessere die falschen Sätze, indem du „um zu" durch die Konjunktion „damit" ersetzt.

a) Ich bringe mein Fahrrad in die Werkstatt, um repariert zu werden.

____

b) Viele Eltern kaufen ihren Kindern Computer, um damit zu lernen.

____

c) Manche Lehrer verlangen von den Schülern viel, um bessere Noten zu schreiben.

____

2

Vermeide mehrfache Genitive und verbessere die folgenden Sätze.

a) Wegen der Streitigkeiten der Bewohner des Hauses kam die Polizei.

____

b) Trotz der Entscheidung der Lehrer der Klasse veränderte sich nichts.

____

c) Die Versammlung der Schüler der Unterstufe findet erst morgen statt.

____

3

Vermeide doppelte Verneinungen und formuliere eindeutig.

a) Man sollte die Jugend davon abhalten, nicht zu rauchen.

____

b) Wir wurden davor gewarnt, nicht vom Weg abzukommen.

____

1

Entwickle eine Stoffsammlung zu dem Thema „Über welche Themen gibt es im Zusammenleben zwischen Eltern und heranwachsenden Kindern oft Auseinandersetzungen?", indem du die folgende Mindmap ergänzt.

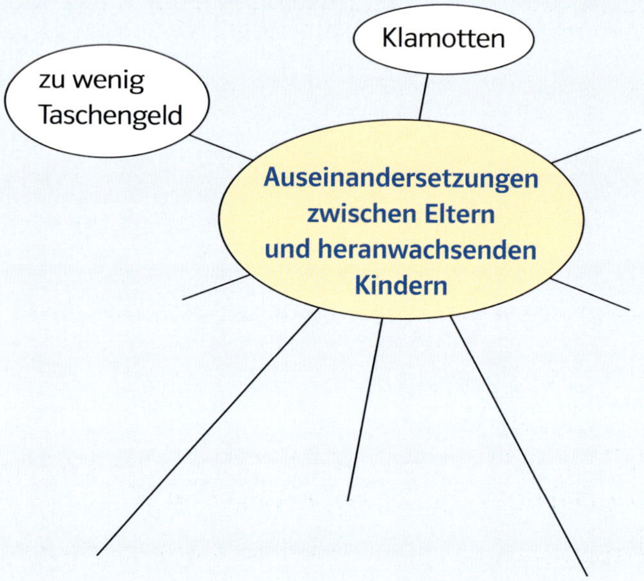

2

Zu dem Thema „Welche Vorteile hat ein Taschengeldkonto?" wurde die untenstehende Stoffsammlung erstellt. Entwickle daraus eine vollständige Gliederung.

man bekommt sein Geld pünktlich – man lernt mit dem Geld umzugehen – man fühlt sich selbstständiger – man muss um das Taschengeld nicht mehr bitten – man sammelt Erfahrungen als künftiger Bankkunde – ein Taschengeldkonto kann man nicht überziehen

A ______________________________

B 1. ______________________________

2. ______________________________

3. ______________________________

4. ______________________________

5. ______________________________

C ______________________________

3

Diese Beispiele gehören zu dem Thema „Was macht Klassenfahrten so wertvoll?" Ordne sie den passenden Gliederungspunkten zu.

a) Viele meiner Mitschüler kennen zwar halb Europa, aber sie sind noch nie im Allgäu gewesen.

b) Nicht jeder konnte zuvor bei einer Floßfahrt oder im Klettergarten seinen Mut und sein Durchhaltevermögen trainieren.

c) Bei gemeinsamen Mahlzeiten oder Erlebnissen lernt man auch Lehrer von einer anderen Seite kennen.

d) Das betrifft nicht nur eine lange gemeinsame Nacht, sondern auch so manche Bewährungsprobe, die man gemeinsam durchstehen muss.

e) Auf einer Wanderung lernt man beispielsweise oft mehr über Erdkunde oder Biologie als in einer normalen Schulstunde.

1. Unterbrechung des gewohnten Schulalltags ______
2. Kennenlernen ungewohnter Reiseziele ______
3. Neuartige Erfahrungen und Anforderungen ______
4. Verbesserung des Verhältnisses zwischen Lehrern und Schülern ______
5. Stärkung des Gemeinschaftsgefühls ______

3.6 Checkliste: Erörtern

Wenn du eine Erörterung schreibst, solltest du die folgenden Punkte abhaken können:

1. Du hast das Thema genau gelesen und Themabegriff und Themafrage verstanden. ☐
2. Danach hast du eine Stoffsammlung angefertigt, in der zunächst alle Stichpunkte und Gedanken stehen, die dir spontan eingefallen sind. ☐
3. Nun streichst du die Notizen weg, die doppelt sind oder nicht zum Thema gehören und kennzeichnest mit Zahlen eine mögliche Reihenfolge der Gedanken. Dabei hast du darauf geachtet, dass sich deren Aussagekraft steigert. ☐
4. Du entwickelst aus dieser geordneten Stoffsammlung eine Gliederung. Sie enthält nicht nur die ausformulierten Grundgedanken, sondern auch einen kurz gefassten Hinweis auf das Thema der Einleitung und auf den Schlussgedanken. ☐
5. Du hast darauf geachtet, dass die Gliederungspunkte einheitlich formuliert sind. Das bedeutet, dass du entweder kurze Sätze schreibst oder aber substantivierte Stichpunkte bzw. Infinitive benutzt. ☐
6. Bei der Einleitung denkst du daran, dass sie das Interesse des Lesers erwecken soll; sie kann also lebendig formuliert sein. Wichtig ist, dass sie zum Thema hinführt, was man mit einem Überleitungssatz, der die Themafrage wiederholt, erreichen kann. ☐
7. Die einzelnen Punkte des Hauptteils werden als Argumente formuliert und durch ein Beispiel ergänzt. Du hast darauf geachtet, dass das Beispiel zu der These passt und es den Leser überzeugt. ☐

8. Die einzelnen Grundgedanken des Hauptteils wurden in Form von Absätzen voneinander getrennt. Dennoch hast du versucht, die Inhalte der Absätze stilistisch miteinander zu verknüpfen. ☐
9. Der Schlussgedanke fasst deinen Text zusammen, rundet ihn ab oder wirft einen Blick in die Zukunft. ☐
10. Bei all dem hast du dich bemüht, sachlich und verständlich zu formulieren; umgangssprachliche Wendungen hast du in Anführungszeichen gesetzt und dich generell um einen flüssigen und gewandten Ausdruck bemüht. ☐
11. Nun liest du dir gesamten Text noch einmal durch und achtest auf Rechtschreibfehler. ☐
12. Da die Gliederung ein wichtiger Bestandteil des Aufsatzes ist, vergisst du nicht, sie abzugeben. ☐

3.7 Einen Antrag formulieren

Situation

Torsten war seit Beginn der 8. Klasse oft krank und musste mehrere Wochen in einer Klinik verbringen. In vielen Fächern sind seine Leistungen schlecht und er kann den Stoff auch kaum nachholen.
Seine Eltern wollen beantragen, dass er zum Halbjahr in die 7. Klasse zurückversetzt wird.

Merkmale eines Antrags

Unter einem Antrag versteht man ein Schreiben, in dem der Verfasser einer Behörde oder Institution gegenüber eine **Absicht** oder einen **Wunsch** äußert.

Da einem Antrag stattgegeben werden kann, aber nicht muss, ist es ratsam, diesen Text nicht nur **eindeutig** und **verständlich**, sondern auch **höflich** zu formulieren.

Damit ein Antrag das gewünschte Ziel erreicht, sollte man eine **Begründung** hinzufügen. Dadurch kann der Empfänger leichter überzeugt werden.

1

Überlege dir, in welcher Situation ein Antrag geschrieben werden sollte.

a) Du willst in Erfahrung bringen, ob in einer Jugendherberge noch Platz für die Schüler deiner Klasse frei ist.

b) Zu deiner Konfirmation wollen dir deine Verwandten ein schönes Geschenk machen. Du sollst ihnen schreiben, was du dir wünschst.

c) Da Petra nach einer Operation Rückenprobleme hat, soll sie für einige Monate nicht am Sportunterricht teilnehmen.

2

Unterstreiche in diesem Schreiben die Begründung.

Carola und Peter Schneider
Abtsleite 23
97076 Walldorf

Goethegymnasium
Schulleitung
Fronhof 24
97076 Walldorf

Torsten Schneider, Klasse 8b

Sehr geehrte Mitglieder der Schulleitung,

hiermit beantragen wir, unseren Sohn Torsten Schneider zu Halbjahresbeginn von der 8. Klasse in die 7. Jahrgangsstufe zurückzuversetzen.
Torsten hat in den vergangenen zehn Monaten krankheitsbedingt 14 Unterrichtswochen versäumt und daher sehr schlechte Noten. Es ist abzusehen, dass er bis zum Schuljahrsende seinen Leistungsabfall nicht ausgleichen kann. Eine Rückversetzung in die 7. Klasse würde es ihm ermöglichen, seine fehlenden Kenntnisse wieder aufzubauen.
Wir bitten, diesem Antrag stattzugeben.

Mit freundlichen Grüßen

Carola und Peter Schneider

3

Ergänze die fehlenden Verben.

a) einem Antrag ______________________________

b) einer Bitte ______________________________

c) einen Wunsch ______________________________

d) einer Aufforderung ______________________________

Formuliere einen Antrag für die folgende Situation:

Sabrina hat beinahe täglich Nachmittagsunterricht und ist wegen einer schlechten Zugverbindung erst gegen 18.00 Uhr wieder zu Hause. Wenn sie nachmittags den Unterricht zehn Minuten früher verlassen könnte, würde sie bereits um 17.00 Uhr daheim sein.

Mit Texten umgehen

4 Mit Texten umgehen

4.1 Start

1

Entscheide dich für die richtigen Aussagen. Die dazugehörenden Buchstaben ergeben ein Lösungswort.

1. Texte lassen sich unterscheiden in die Großgruppen
a) Sach- oder Gebrauchstexte **G**
b) Zeitungstexte **R**
c) literarische Texte **U**

2. Zu den Sach- und Gebrauchstexten gehören
a) Kurzgeschichten **F**
b) Zeitungsmeldungen **T**
c) Leserbriefe **G**

3. Zu den literarischen Texten gehören
a) Bildbeschreibungen **Ö**
b) Gedichte **E**
c) Theaterstücke **M**

4. Um literarische und Sachtexte zu verstehen, muss man
a) Genaueres über den Autor wissen **I**
b) zwischen den Zeilen lesen können **A**
c) ihren Aufbau erkannt haben **C**

5. Um Texterschließungsfragen zu beantworten,
a) hebt man Textstellen hervor **H**
b) verfasst man eine Inhaltsangabe **T**
c) kann man die Antwort im Text belegen **P**

6. Eine Textbeschreibung
a) ist das gleiche wie eine Textzusammenfassung **F**
b) beginnt man wie eine Bildbeschreibung **R**
c) erläutert den Zusammenhang von Inhalt, Form und Sprache **!**

Lösungswort: ______________________________

2

Welche dieser Texte sind literarische Texte, welche gehören zu den Sach- und Gebrauchstexten?

a)

FUZZY!

Der Saft mit dem
frischfröhlichen Geschmack
Prickelnd ***süß***
und ***soooo belebend.***

Hol ihn dir!
Gleich am nächsten Kiosk.

b)

Das Auge trüb, die Kehle rau,
so wankte er durch die Wüste.
Er trank den frischen Morgentau,
und flehte hoch zum Himmelsblau
dass er nicht sterben müsste.

c)

ALKO-POPS AUF DEM RÜCKZUG

Nach der Preiserhöhung bei den so genannten Alko-Pops, alkoholhaltigen Erfrischungsgetränken, kann eine Verminderung des Konsums beobachtet werden. Dies berichtete das Verbrauchermagazin *Konsuma* in seiner letzten Ausgabe.

d)

Seit neuestem trinken wir grün

Pappsüß und giftgrün, zischt
und faucht im Glas wie böser
Zaubertrank. Und kostet!
Fuzzy nennt sich der Spaß.
Fragt sich nur, warum wir
unseren Sommerdurst nicht
billiger, gesünder und weniger
grün stillen können.

e)

Jerry glaubte schon, eine Halluzination zu haben, als er in dem flimmernden Sonnenlicht am Ende der Landstraße eine Tankstelle erblickte. Endlich! Mit letzter Kraft wankte er in den klimatisierten Verkaufsraum, ergriff eine Flasche irgendeines eisgekühlten Getränks aus dem Regal und suchte an der Theke nach Geld in der Hosentasche. 20 Cent – noch nicht einmal genug, um einen klebrigen Lutscher zu erstehen. Erbarmungslos blickte der Verkäufer auf ihn herab.

4.2 Intentionen von Sachtexten beachten

Situation

In letzter Zeit sind zahlreiche Fälle von „Mobbing“ an der Schule vorgekommen. Darunter versteht man die Ausgrenzung bzw. Unterdrückung eines Menschen. In der nächsten Ausgabe der Schülerzeitung sollen sich unterschiedliche Artikel mit diesem Thema beschäftigen.

Merkmale von Sachtexten unterscheiden

Wenn du eine Zeitung oder eine Zeitschrift aufschlägst, begegnest du einer großen Zahl von Texten, die sich **in drei große Gruppen** unterteilen lassen. Sie unterscheiden sich durch die **Absicht** (Intention), die die Verfasser mit der Veröffentlichung ihrer Texte verbinden.

Die **darstellenden Texte** wollen dir sachliche, objektive Informationen liefern. Es handelt sich dabei z. B. um Berichte, Meldungen, Erläuterungen zu Diagrammen oder auch Beschreibungen von gesuchten Personen oder Gegenständen. Der Sachverhalt wird **knapp, präzise** und **ohne persönliche Meinung** dargestellt.

In **kommentierenden Texten** geben die Verfasser ihre Meinung zu einem bestimmten Thema bekannt. Sie bewerten ein Ereignis, drücken ihre Zustimmung oder ihre Ablehnung aus. Hier findet man auch **Ironie, Fragen** oder auch **Gefühle**. Beispiele dafür sind manche Leserbriefe und natürlich auch die Kommentare zu aktuellen Ereignissen.

Appellierende Texte dienen dazu, die Leser zu einer Handlung zu bewegen. In Werbetexten wird ein Produkt oder eine Dienstleistung so angepriesen, dass man sich davon angesprochen fühlen soll. Aufrufe wollen den Leser dazu anregen, Geld zu spenden oder eine bestimmte Partei zu wählen. Die sprachliche Gestaltung dient dazu, **Aufmerksamkeit zu erwecken**.

Eine oder auch mehrere dieser Intentionen begegnen dir in allen Sachtexten, also auch in **Rundfunk** und **Fernsehen**, im **Internet** oder auf **Litfaßsäulen** und **Plakaten**.

1

Welcher der folgenden Texte aus der Schülerzeitung ist darstellend, welcher kommentierend und welcher appellierend?

A) Als sich ein Schüler unserer Schule für meine letzte Sprechstunde anmeldete, wusste ich nur eines von ihm: Er wollte die Schule verlassen. Aber es waren nicht schlechte Noten oder ein anderes Ausbildungsziel, das ihn dazu bewog – sondern seine Klassenkameraden. Seit Monaten wurde er ständig ausgelacht, wenn er sich meldete, man versteckte seine Schultasche, in der Pause musste er allein bleiben. Warum? Weil er andere verpetzt hatte? Nein. Weil er ein unangenehmer Streber ist? Oder der totale Versager? Wiederum nein, er hat ganz normale Noten. Er ist ein ganz normaler Mitschüler, mit einem Unterschied: Er hat einen leichten Sprachfehler und ist besonders schüchtern. Ach ja – er ist der einzige in der Klasse, dessen Eltern aus Russland stammen. Ein leichtes Opfer für seine starken Mitschüler. Oder muss ich sagen: für seine schwachen Mitschüler? Nun hat er die Schule verlassen, – und ich schäme mich, dass dies bei uns passiert ist. Wer schämt sich mit mir?
(Jochen Kies, Vertrauenslehrer)

B) **Du wirst gebraucht!**

Wer? Du?
Ja, du – und zwar mit deiner Erfahrung, deiner Einsatzbereitschaft und mit einem kleinen Bruchteil deiner freien Zeit.
Wozu?
Um den Schülern unserer vier Anfängerklassen dabei zu helfen, sich in unserer Schule wohlzufühlen. Um ihnen als Tutor bei Fragen und Fragwürdigkeiten, Zweifeln und Verzweiflungen beizustehen.
Also, komm und mach mit! Beim
1. Tutorentreffen in diesem Schuljahr, 2. Oktober, 14.00 Uhr, Mensa

C) Unter **Mobbing** versteht man die bewusste Ausgrenzung eines anderen Menschen an seinem Arbeitsplatz, in seinem Tätigkeitsbereich oder in der Schule. Mit verschiedenen Methoden wird dabei angestrebt, dass sich diese Person unwohl, unterlegen und verachtet fühlt. Das beginnt beim ständigen Tuscheln hinter dem Rücken des Mobbing- Opfers und endet bei zersetzender Kritik oder offener Beschimpfung durch Vorgesetzte.

2

a) Welche Absicht hatte der Vertrauenslehrer mit der Veröffentlichung seines Textes?

b) Welchen Sinn haben die zahlreichen Fragen mit den dazugehörenden Antworten?

c) Wo benutzt Herr Kies die Umgangssprache und warum?

d) Unterstreiche die Textstellen, wo seine persönliche Meinung deutlich wird.

3

Viele Werbetexte werden nach dem Grundmuster der sogenannten „AIDA-Formel“ aufgebaut:

A (attention = Aufmerksamkeit) Text soll dem Leser ins Auge „springen“
I (interest = Interesse) Leser soll sich für das Anliegen interessieren
D (desire = Wunsch) Leser soll ein Bedürfnis verspüren
A (action = Handlung) Leser wird dazu aufgerufen, etwas zu tun (z. B. kaufen, wählen, spenden oder mitmachen)

a) Markiere im Text B) „Du wirst gebraucht“, wo du diesen Aufbau wiedererkennen kannst.

b) Mit welchen sprachlichen Besonderheiten will der Text auf den Leser einwirken?

c) Unterstreiche die Textstellen, in denen eine direkte Ansprache erfolgt.

d) Was will der Verfasser erreichen?

4

a) In welchem Zusammenhang kannst du dir Text C) vorstellen?

b) Was will der Verfasser erreichen?

c) Welche weiteren Informationen könnten in der Fortsetzung des Textes stehen?

1

Um welche Art von Text handelt es sich bei folgender Zeitungsmeldung und welche Intention verfolgte der Verfasser?

Schüler Opfer von Gewalt

Am vergangenen Montag wurde ein Schüler in der Linie 3 Richtung Mainbernstraße Opfer brutaler Gewalt. Der Fahrer beobachtete, dass der 14-jährige Peter K. bei einem Bremsmanöver gegen einen anderen Jugendlichen geschleudert wurde. Dieser reagierte sofort aggressiv, indem er Peter K. packte und beschimpfte. Dabei wurde er von anderen Jugendlichen unterstützt. Etwa 3-4 Jugendliche traten auf Peter K. ein und warfen ihn bei Haltestelle Ettnerplatz aus der Bahn, wobei er sich Prellungen und Verstauchungen zuzog. Offenbar griff keiner der Fahrgäste ein. Die Polizei ermittelt und bittet Zeugen, sich zu melden.

2

Verfasse einen kurzen Leserbrief, in dem bedauert wird, dass kein Fahrgast Peter K. zu Hilfe kam.

3

Verfasse den Text für einen Aushang in öffentlichen Verkehrsmitteln. Fahrgäste sollen aufgefordert werden, Fälle von Gewaltanwendung nicht zu dulden.

4.3 Ein Schaubild erläutern

Situation

Im Sozialkundeunterricht wird das Thema „Gewalt“ aufgegriffen. Die Schüler sollen die Informationen eines Schaubilds erläutern.

Merkmale von Schaubildern

Viele Informationen lassen sich leichter in Form von Schaubildern übermitteln. Aber erst, wenn man die Angaben mündlich oder schriftlich in einen Zusammenhang bringt, **erkennt man oft die Aussage einer solchen Abbildung**. Man unterscheidet folgende Diagrammarten:

Das **Kreisdiagramm** zeigt Anteile an einem Ganzen auf.

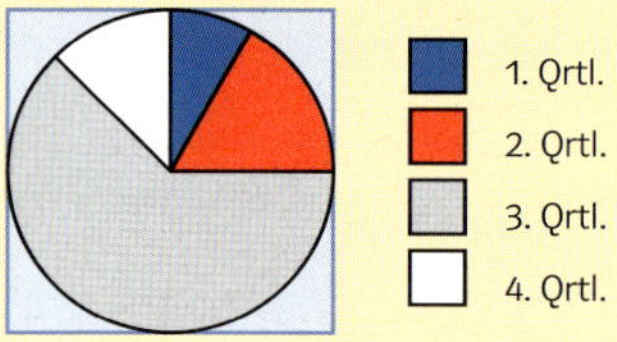

Das **Balkendiagramm** vergleicht unterschiedliche Größen. Wenn die Balken aufrecht stehen, spricht man von einem **Säulendiagramm**.

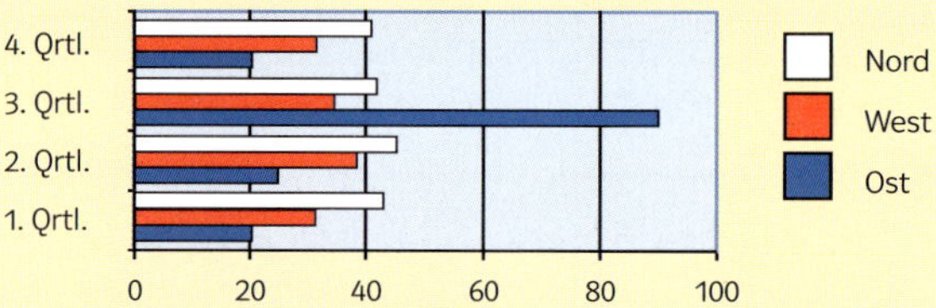

Das **Kurvendiagramm** gibt Entwicklungen an.

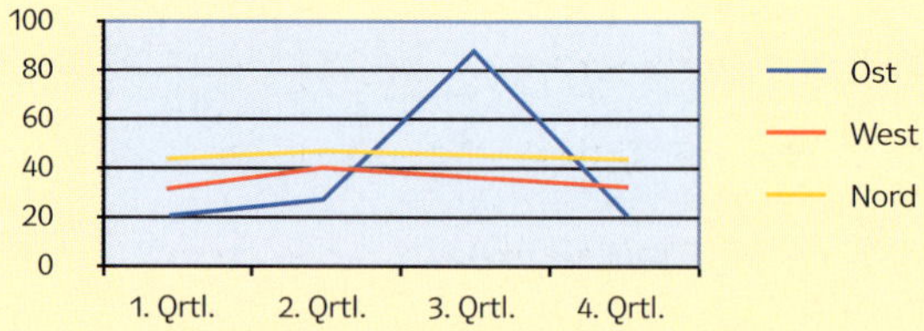

Um die Angaben eines Diagramms zu erläutern, gibst du Art, Thema und Aufbau der Abbildung an. Dann formulierst du die Angaben verständlich, eindeutig und zusammenhängend. Am Schluss fasst du die Aussage zusammen.

1

Betrachte das folgende Schaubild genau.

a) Um welche Art von Schaubild handelt es sich?
b) Was ist das Thema?
c) Wie ist es aufgebaut?
d) Welcher Personenkreis ist betroffen?

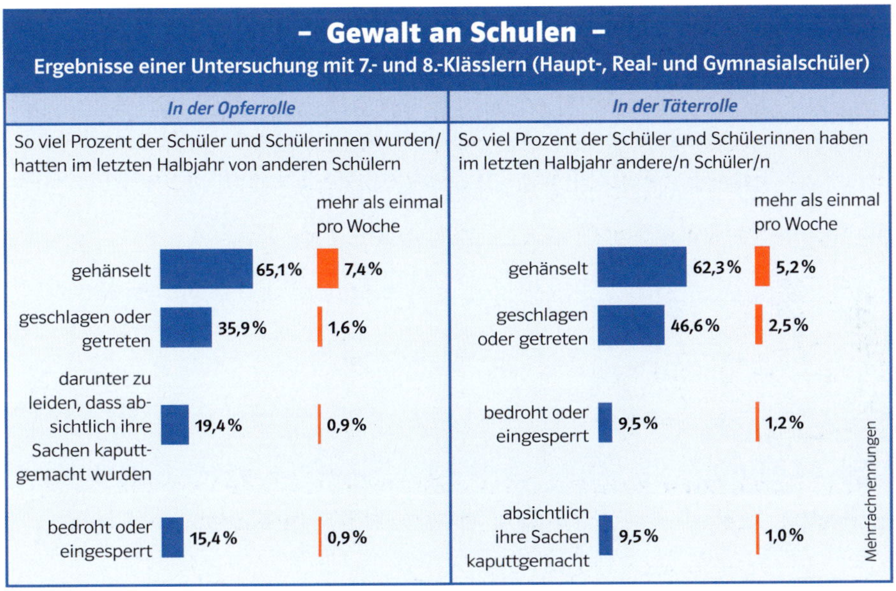

Globus 9027/veröffentlicht 2003;
Quelle: Prof. Dr. Lösel (Universität Erlangen-Nürnberg), BKA

2

Welche Aussage gibt die Angaben korrekt wieder? Kreuze an.

a) Beinahe zwei Drittel der Schüler wurden bereits gehänselt, davon mehr als 7 % mehrmals in der Woche. ☐
b) Ein gutes Drittel wurde geschlagen oder getreten. ☐
c) Bei mehr als einem Fünftel wurden persönliche Dinge zerstört. ☐
d) Gute 15 % wurden schon bedroht oder eingesperrt. ☐
e) Beinahe zwei Drittel aller Schüler haben schon andere gehänselt, ein Fünftel davon mehrmals in der Woche. ☐
f) Mehr als die Hälfte hat schon andere geschlagen oder getreten. ☐
g) Beinahe ein Zehntel hat schon absichtlich Sachen zerstört. ☐
h) Mehr als ein Viertel haben andere bedroht oder eingesperrt. ☐

3

Füge in den Lückentext die folgenden fehlenden Wörter ein.

Personenkreis – Opfer – Balkendiagramm – zwei Drittel – Besitztümer – bedroht – Täter – Befragten – Gewalttätigkeiten – gestand – eingesperrt – an der Tagesordnung

In diesem ______________________________ wird gezeigt, wie sehr Gewalt an deutschen Schulen verbreitet ist. Der ______________________________ der Befragten waren Schüler der 7. und 8. Klasse von drei Schularten.
Wir erhalten nicht nur Informationen über Schüler, die Opfer von Gewalt sind, sondern auch über die ______________________________.
Etwa ______________________________ aller Schüler sind schon gehänselt worden, aber beinahe ebenso viele, nämlich 62,3 %, haben dies auch schon selbst getan. ______________________________ von Schlägen und Tritten waren mehr als ein Drittel der Befragten, aber 46,5 % gaben an, auch schon selbst solche ______________________________ durchgeführt zu haben.
Bei beinahe einem Fünftel aller ______________________________ sind schon Sachen zerstört worden; dagegen ______________________________ knapp ein Zehntel, absichtlich persönliche ______________________________ von anderen kaputtgemacht zu haben. Genauso viele hatten andere schon einmal ______________________________ und ______________________________.
Im Vergleich dazu sagten aber 15,4 %, dass ihnen das schon passiert sei.
Nur bei sehr wenigen Schülern ereigneten sich diese Missetaten mehr als einmal pro Woche. Allerdings kann man sehen, dass vor allem die Hänseleien ______________________________ sind.
7,4 % aller Befragten leiden mehrmals in der Woche darunter, 5,2 % sind aktiv mit dabei. Man erkennt also, dass Gewalt zu oft vorkommt.

Werte das folgende Diagramm aus und schreibe einen gut formulierten, zusammenhängenden Text.

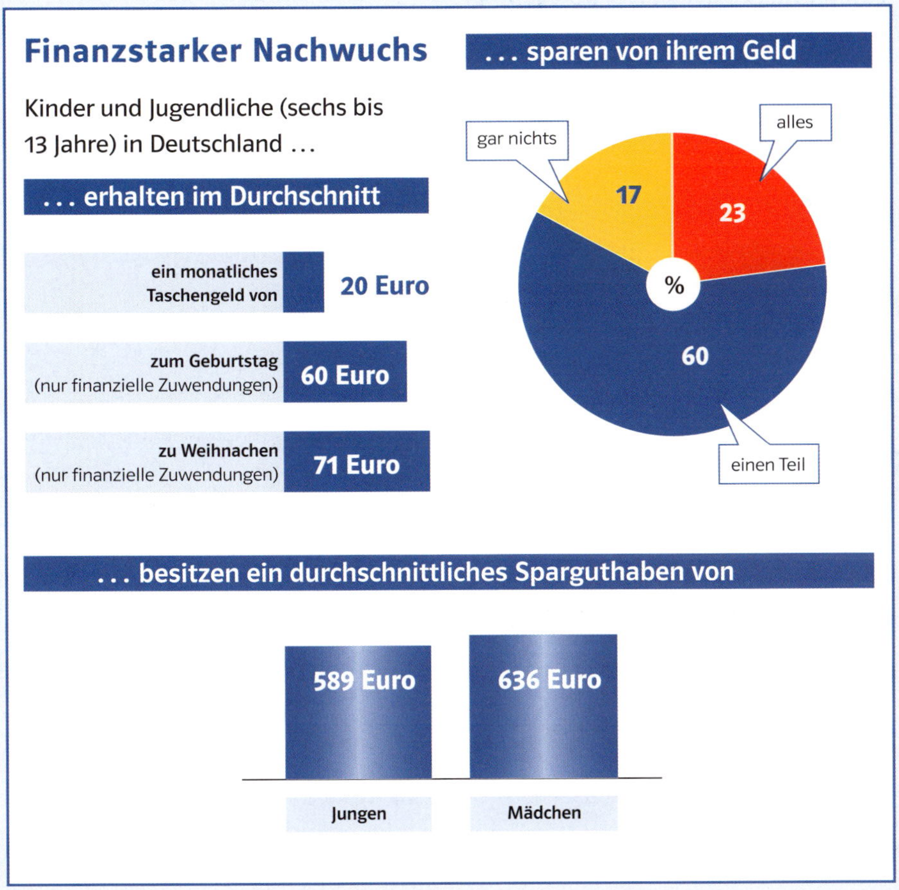

Du kannst auf folgende Weise beginnen:

Auf diesem Schaubild kann man erkennen, dass deutsche Kinder zwischen sechs und 13 Jahren im Durchschnitt recht viel Geld zur Verfügung haben. In einem Balkendiagramm erhält man Informationen über die Einnahmequellen der Kinder. …

4.4 Einen Sachtext entschlüsseln

Situation

Marco soll zeigen, dass er nicht nur Inhalt, sondern auch die Aussage eines Sachtextes erfassen und eigenständig auf Textfragen eingehen kann.

Merkmale einer Textentschlüsselung

Darstellende Texte wie Berichte und Beschreibungen übermitteln direkte Sachinformationen; manche Sachtexte wie Kommentare, Leserbriefe oder Werbetexte muss man jedoch **genauer betrachten**, um die Aussage zu erkennen.

Fragen zu **Sachinformationen** kannst du am leichtesten beantworten, wenn du die betreffenden Textstellen markierst oder stichpunktartig herausschreibst. Dies gilt auch für Fragen zu der **Aussage eines Textes**; hier allerdings musst du die Textintention beachten, zwischen den Zeilen lesen und den Zweck stilistischer Merkmale wie Ironie oder rhetorische Fragen erkennen. Deine Antworten musst du anhand von Textstellen belegen können.

Um den Gesamtinhalt zu erfassen, ist es notwendig, zunächst die **Schlüsselbegriffe** zu erkennen. Unter Schlüsselbegriffen versteht man die Wörter oder Formulierungen, die die **Sinnträger eines Absatzes oder eines Textteils** sind.

Die Abfolge der Schlüsselbegriffe vermittelt dir Auskunft über das **inhaltliche Grundgerüst** eines Textes. Mit ihrer Hilfe kannst du Zwischenüberschriften und Textzusammenfassungen formulieren.

Zu einer **Textzusammenfassung** kommst du auch, indem du jeden einzelnen Absatz zusammenfasst und diese Einzelsätze später in einen sinnvollen Zusammenhang bringst.

1

Den folgenden Text hat Marco mit Markierungen und Unterstreichungen bearbeitet. Lies ihn dir gründlich durch.

Wenn es mit der Wirtschaft bergab geht, haben Einzelhändler ihre liebe Not, Kunden in die Geschäfte zu locken. Sie bieten Schnäppchen und Rabatte ohne Ende an, aber die Verbraucher blicken mit Sorge in die Zukunft und üben sich in Sparsamkeit. Denn wer weiß schon, ob der Arbeitsplatz sicher ist. Wenn es jedoch um den Nachwuchs geht, ist das Verhalten von Eltern und Verwandten von Großzügigkeit bestimmt. Ob beim Geldgeschenk zum Geburtstag oder bei der Belohnung für die Eins in Mathe: Auch in wirtschaftlich schlechten Zeiten wird an den Kindern zuletzt gespart.
Jahr für Jahr haben Kinder und Jugendliche mehr Taschengeld und geben es auch fleißig aus. In der Altersgruppe von 6 bis 13 Jahren hat sich das durchschnittliche Taschengeld von 18 auf 20 Euro erhöht und wird nach wie vor am liebsten in Süßigkeiten, Comics oder Zeitschriften umgesetzt; in den letzten Jahren spielt bei diesen Ausgaben auch das Handy eine wachsende Rolle. So kommt es, dass die 6 Millionen Kinder und Jugendlichen zwischen 6 und 13 eine hohe Kaufkraft haben: Trotz sinkender Einkommen der Familien und eines wachsenden Anteils von Kindern, die von der Sozialhilfe leben, haben Kids viel Geld zur Verfügung: Auf sechs Milliarden Euro schätzt man deren Finanzkraft, ein Betrag, der durchaus die Umsätze vieler Unternehmen ankurbeln kann.

2

Wo findest du anhand der Markierungen bzw. Unterstreichungen die Antworten auf folgende Fragen bzw. Aufgaben?

a) Markiere in jedem Absatz den Schlüsselbegriff. Zeilen ________

b) Wie viele Kinder und Jugendliche gibt es in Deutschland im Alter zwischen 6 und 13 Jahren? Zeilen ________

c) Wofür geben sie ihr Taschengeld bevorzugt aus? Zeilen ________

d) Wie versuchen Händler, Kunden in ihre Läden zu locken? Zeilen ________

e) Müssen Kinder und Jugendliche unter der schlechten Wirtschaftslage leiden? Zeilen ________

3

Um welche Textart handelt es sich? Begründe deine Antwort.

4

Entscheide dich für die Überschrift, die am besten zu dem Text passt.

a) **Deutsche Kinder und Jugendliche leben von der Sozialhilfe**
b) **In Deutschland haben Kinder und Jugendliche eine hohe Kaufkraft**
c) **Familien werden immer ärmer**

5

Formuliere aus den Schlüsselbegriffen zu jedem Absatz eine zusammenfassende Zwischenüberschrift

a) ____________________

b) ____________________

c) ____________________

d) ____________________

6

Lies diesen Text aufmerksam durch.

Wer ist Mandy ohne Handy?

Eigentlich heißt sie Margerita, aber seitdem sie 13 ist, nennt sie sich Mandy. Das klingt einfach besser, meinten ihre Freunde, und sie meint das auch. Auf den Namen Margerita hört sie schlecht, besonders schlecht, wenn es um Sätze geht wie: „Margerita, kannst du mal die Spülmaschine ausräumen?“ „Margerita, vergiss deinen Zahnarzttermin nicht!“ „Margerita, du hast jetzt zum dritten Mal die Hausaufgaben vergessen. Hier ist eine Mitteilung für deine Eltern.“ Als Mandy hat Mandy aber sehr gute Ohren und ihre Freunde finden bei ihr immer Gehör.

Aus Margerita wurde Mandy ungefähr zum gleichen Zeitpunkt, als sie ihr Handy bekam. Das ging nicht ganz ohne Kampf mit den Eltern ab. „Also, was willst du denn mit einem Handy? Du kannst doch zu Hause telefonieren. Ach so, alle deine Freunde haben ein Handy? Das ist uns aber egal. Und was meinst du denn, wie teuer so ein Handy ist? Da geht doch dein ganzes Taschengeld drauf!“

Aus diesem Kampf ging Mandy siegreich hervor. Allmählich war nämlich die häusliche Telefonleitung durch ihre Freunde dauerbesetzt. Und außerdem hatte sie ein schlagendes Argument: Mit Handy könnten die Eltern sie überall erreichen und müssten sich keine Sorgen mehr machen, wenn sie sich verspätete. Also lag zu Weihnachten ein blitzblau blinkendes und trällerndes Handy unter dem Weihnachtsbaum. Und eine Rubbelkarte für die Gespräche der nächsten Wochen.

Seitdem gibt es kein Leben ohne Handy mehr für Mandy.
Es beginnt früh, wenn sie sich mit einem plärrenden Singsang wecken lässt. Auf dem Weg zur Schule werden die ersten SMS verschickt, um den Nachmittag klarzumachen. Aber wenn sie dann später wieder zu Hause ist, ist durch neue SMS-Botschaften alles wieder durcheinandergeraten, sodass man unbedingt anrufen muss. Danach fiept und zirpt es eine Weile neben ihrem Schreibtisch, bis ihre Mutter das Gerät verschwinden lässt, solange die Hausaufgaben nicht erledigt sind. Dann aber kann Mandy ohne Handy nicht sein, denn wie soll sie Benno anrufen, wo doch alle Telefonnummern im Handy eingespeichert sind? Und Benno ist der einzige, der ihr sagen kann, wie die Matheaufgabe zu lösen ist.

Die Rubbelkarte ist schon längst verbraucht, aber weil sie so viel telefonieren muss, hat Mandy keine Zeit, sich Geld für eine neue zu verdienen. Das macht aber nichts, denn es gibt genügend Leute, die sie anrufen und zum ausgedehnten Gespräch gibt es ja immer noch das Telefon zu Hause, das dann wieder für Stunden besetzt ist.

Neulich hat Mandy ihr Handy bei ihrer Großmutter liegen gelassen. Dort führte es alle 10 Minuten jedes Mal einen kleinen summenden Tanz auf dem Holztisch auf, wenn wieder ein Gespräch hereinkam, fiepte, dudelte und flötete ohne Erbarmen, bis die arme Frau, unkundig, wie so ein Teufelszeug zum Schweigen zu bringen wäre, es verzweifelt unter dem Stuhlkissen verbarg und sich draufsetzte. Danach ist das Handy sehr still geworden. Und stiller ist es jetzt auch zu Hause.

Aber Mandy ist nur noch ein halber Mensch. Denn was ist ein junges Leben wert ohne Handy? Die Großmutter weiß nicht, ob sie Mandys Leiden ertragen kann und Mandy hofft, dass sie es nicht kann. Weihnachten steht vor der Tür und mit diesem Fest zahlreiche Angebote preisgünstiger Handys, Angebote, die Mandy immer gerne bei der Großmutter liegen lässt – Fotohandys natürlich. Denn was ist ein Handy, wenn es nicht Fotos machen kann? Dann kann man den anderen doch zeigen, wo man gerade ist und was man gerade macht. Und wer ist Mandy ohne (Foto-)Handy?

7

Was will der Autor mit diesem Text deutlich machen?

a) Er berichtet über Nachteile von Handys.
b) Er will aufzeigen, wie Jugendliche von Handys abhängig werden können.
c) Er will vom Kauf von Handys abraten.
d) Er findet, dass Mandy ein falsches Verhältnis zu ihren Freunden hat.

8

a) Unterstreiche alle Textstellen, in denen die Beziehung von Mandy und ihren Freunden angesprochen wird.

b) Beantworte in deinem Übungsheft aufgrund deiner Unterstreichungen in einem zusammenhängenden Text die Frage: „Wie ist Mandys Beziehung zu ihren Freunden und welche Rolle spielt das Handy dabei?"

9

Erläutere die Bedeutung der folgenden Textstelle in deinen Worten.

„Die Großmutter weiß nicht, ob sie Mandys Leiden ertragen kann und Mandy hofft, dass sie es nicht kann."

10

a) Welches Stilmittel verwendet der Autor in diesem Satz?

„Denn was ist ein junges Leben wert ohne Handy?“

____

b) Findest du, dass dein Leben ohne Handy weniger wert ist? Begründe deine Antwort.

____

____

____

____

____

____

____

____

11

Fasse in deinem Übungsheft die ersten fünf Absätze des Textes jeweils in einem Satz zusammen. Du kannst so beginnen:

1. Absatz *Die 13-jährige Margerita nennt sich jetzt Mandy, weil ihre Freunde diesen Namen bevorzugen und weil ihr richtiger Name mit unangenehmen Aufforderungen verbunden ist.*

2. Absatz *Sie wünscht sich ein Handy, aber …*

1

Unterstreiche in diesem Text

a) die Schlüsselbegriffe in jedem Absatz

b) alle Angaben, die Auskunft darüber geben, wie viele Kinder und Jugendliche ein Handy besitzen, woran sie außer am Telefonieren Interesse haben und warum sie sich nicht verschulden können.

Ein großer Teil des Taschengeldes von Jugendlichen wird für das Handy ausgegeben, denn bereits 1,6 Millionen Kinder und Jugendliche haben ein eigenes Gerät. Und dieser Trend ist nicht zu stoppen, im Gegenteil: Immer neue und schrille Angebote machen das Handy zum Statussymbol Nummer eins bei jungen Menschen.
Zahlreiche Mobilfunkanbieter profitieren davon, denn mit ihren trendigen Werbespots richten sie sich deutlich an das jüngere Publikum. Denn die Jugendlichen sind eine wichtige Zielgruppe für die Anbieter. Sie mögen nicht nur die Handys, sondern haben darüber hinaus ein großes Interesse an immer neuen Angeboten wie Spiele oder Klingeltöne.
Oft wird befürchtet, dass aufgrund der aufwändigen Werbefeldzüge die Jugendlichen in eine Schuldenfalle geraten. Aber die Mobilfunkanbieter behaupten, dass dies vermieden werden kann, denn Jugendliche unter 18 Jahren können nur Prepaid-Handys erwerben, bei denen die Telefonkosten im Voraus bezahlt werden müssen.

2

Fasse die letzten beiden Absätze von „Wer ist Mandy ohne Handy“ so kurz wie möglich in deinem Übungsheft zusammen.

3

In dem Text „Wer ist Mandy ohne Handy?“ werden mehrere Vorteile von Handys genannt. Welche sind es?

____

____

____

4.5 Checkliste: Umgang mit Sachtexten

Wenn du einen Sachtext bearbeitest und entschlüsselst, solltest du folgende Punkte abhaken können:

1. Du hast den Text gründlich durchgelesen und kannst die Textart sowie die Intention des Verfassers bestimmen. ☐
2. Du hast auf sprachliche Besonderheiten und stilistische Merkmale des Textes geachtet und dir über schwierige Wörter oder Textstellen Klarheit verschafft. ☐
3. Anhand der markierten Schlüsselbegriffe kannst du das Grundgerüst des Inhalts erkennen. ☐
4. Du hast dich mit der Aufgabenstellung vertraut gemacht und unterschieden, ob du Fragen zu Sachinformationen oder zur Aussage beantworten sollst. Alle Antworten kannst du im Text belegen. ☐
5. Nun unterstreichst oder markierst du die Angaben, die die Aufgabenstellung von dir erwartet. Dabei achtest du darauf, dass du nicht zu viel und nicht zu wenig hervorhebst. ☐
6. Bei deinen Antworten achtest du auf einen zusammenhängenden Text und sprachliche Richtigkeit. ☐
7. Textzusammenfassungen erarbeitest du anhand der Schlüsselbegriffe oder indem du Absätze zusammenfasst. ☐
8. Wenn du ein Diagramm auswertest, achtest du zunächst auf die Überschrift und auf die Art des Diagramms. ☐
9. Nun bringst du die Einzelangaben in einen Zusammenhang und überprüfst, ob sie einen Sinn ergeben. ☐
10. Da du dich mit Sachinformationen beschäftigst, sind auch deine Angaben und Antworten sachlich, knapp und genau. ☐

4.6 Eine Inhaltsangabe verfassen

Situation

Jenny aus Amerika schickt Meike eine verzweifelte E-Mail: „Hilfe! Morgen werde ich in meinem Deutschkurs geprüft und muss etwas über Anne Franks Tagebuch wissen. Bitte maile mir eine Inhaltsangabe!"

Merkmale einer Inhaltsangabe

In einer Inhaltsangabe wird ein literarischer Text oder ein Film **knapp, sachlich** und **genau** zusammengefasst.

Du musst den Text vollständig verstanden haben, um mithilfe von **Markierungen, Randnotizen** oder einem **Stichwortzettel** das Wesentliche vom Unwesentlichen unterscheiden zu können. Das gelingt dir, wenn du den Text in einzelne **Handlungsschritte** unterteilst. Ein neuer Handlungsschritt ergibt sich dann, wenn eine neue Person auftritt oder das Geschehen eine neue Entwicklungsstufe erreicht.

In der **Einleitung** werden Titel, Verfasser, Textsorte sowie Hauptpersonen, Ort und Zeit des Geschehens genannt. Außerdem erfährt der Leser die grundlegende Thematik der Vorlage.

Im **Hauptteil** wird die Handlung so wiedergegeben, dass die Zusammenhänge mühelos verständlich sind. Geschickt eingesetzte **Konjunktionen** helfen, Ursachen und Folgen sowie die zeitliche Reihenfolge des Geschehens eindeutig zu vermitteln.

Der **Schluss** besteht aus einer knappen Bewertung des Textes.

Die Inhaltsangabe wird im **Präsens** geschrieben und enthält keine wörtliche Rede. Auch bei Ich-Erzählungen formuliert man sie in der dritten Person.

1

Entscheide, welche der gemailten Inhaltsangaben Jenny am besten weiterhelfen kann.

a) Anne Frank ist ein jüdisches Mädchen, das 1942 mit seiner Familie Zuflucht in einem Hinterhaus vor den Deutschen findet. Hier verbringen sie etwa zwei Jahre zusammen mit anderen Verfolgten. Später werden sie verraten und entdeckt. Die Familie kommt ins KZ, wo Anne stirbt. Das allerdings kommt in dem Buch nicht vor.

b) Das „Tagebuch der Anne Frank" ist ein ganz wunderbares Buch, das nicht zu Unrecht millionenfach verkauft wurde und wird. Wir erleben mit, wie Anne Frank mit ihrer Familie sich in einem Hinterhaus versteckte, weil die Deutschen die Juden verfolgten. Es war allerdings unheimlich schwer, auf so engem Raum zusammenzuleben, immer mit der Angst verbunden, entdeckt zu werden. Allerdings erfahren wir auch von der Hilfsbereitschaft vieler Menschen, die den Verfolgten das Überleben ermöglichten.

c) Das „Tagebuch der Anne Frank" enthält die Aufzeichnungen des jüdischen Mädchens Anne, das sich zusammen mit seiner Familie in einem Amsterdamer Hinterhaus vor den Nazis verstecken musste. Die Einträge beginnen im Juli 1942, als Anne das Tagebuch zum 13. Geburtstag geschenkt bekommt und das Leben eines ganz normalen Schulmädchens führt. Schon einen Monat später muss sie mit ihren Eltern und ihrer Schwester Margot Zuflucht in einem vorbereiteten Versteck suchen. In diesem Hinterhaus leben noch vier weitere Verfolgte, darunter ein Junge namens Peter mit seinen Eltern. Mehr als zwei Jahre verbringen diese Menschen in drangvoller Enge und ständiger Angst. Trotzdem enthalten Annes Aufzeichnungen aber auch die Beschreibung des Alltags einer Dreizehnjährigen mit Familienkonflikten, Verliebtheit, Wünschen und Träumen und Lernerfahrungen.
Das Tagebuch endet im August 1944. Dem Nachwort ist zu entnehmen, dass die Verfolgten entdeckt und in deutsche KZs gebracht werden, wo Anne Anfang 1945 stirbt.
Dieses Buch ist ein erschütterndes Dokument der Judenverfolgung. Es wurde in nahezu alle Sprachen der Welt übersetzt und millionenfach gedruckt.

2

Warum könnte Jenny mit der Inhaltsangabe a) nur wenig anfangen?

3

Nenne drei Gründe, warum Text b) nicht den Regeln der Inhaltsangabe entspricht.

4

Untersuche den letzten Text c) genauer.

a) Überprüfe, ob die in den Merkregeln genannten Angaben für die Einleitung vorhanden sind und unterstreiche sie.

b) Im Hauptteil werden fünf Handlungsschritte unterschieden. Ergänze die Aufzeichnungen.

Juni 1942 ______________________________

____

Juli 1942 ______________________________

____

Die folgenden 2 Jahre ______________________________

____

August 1944 ______________________________

____

Nachwort ______________________________

____

c) Unterstreiche die Bewertung im Schluss.

5

Lies den folgenden Text zweimal gründlich durch.

Zehn, zwölf Schritte nur

Als Sarah aus dem Schulgebäude ging, wusste sie zunächst nicht, was sie nun tun sollte. Nach Hause gehen? Das aufgewärmte Gulasch vom Vorabend essen, vielleicht vor dem Fernseher, und ein bisschen MTV sehen? Für die Mathearbeit für morgen lernen? Hat ja sowieso keinen Sinn, nie wird sie begreifen, wie ein normaler Mensch aus einer Folge von a und b eine binomische Formel erkennen kann. Oder einfach nur rumhängen, CDs hören und warten, bis Tim nach Hause kommt, der sowieso nur Stunk macht und sich dann vor seinen Computer verzieht und stundenlang herumballert?

Sie blinzelte in die Sonne, die nun doch herausgekommen war. Eigentlich war sie nur froh, dass der Schulvormittag endlich zu Ende war. In Englisch musste sie an die Tafel kommen und die neuen Wörter anschreiben. Sie hatte sie wirklich gut gelernt, aber als sie nach vorne ging, hatte sie Bettinas Blick eingefangen und gesehen, wie sie den Joshi neben ihr anstieß und ihm irgendetwas zuflüsterte und wie sie dann beide grinsten und kicherten. Dann war ein schwerer, schwarzer Vorhang über ihr Gehirn gefallen, der kein einziges englisches Wort durchließ, nur ein paar jämmerliche Krakeleien an der Tafel. Sie hat da also vor der Klasse gestanden in ihrer Billig-Jeans und dem ausgeleierten Sweatshirt. Und alle haben sie angestarrt, am meisten die grinsende Bettina mit ihrem Herzensjoshi neben sich.

Das Traumpaar! Bettina mit ihrem edlen blonden Haar und den neuen Klamotten beinahe jeden Monat. Sie war die erste, die ein Fotohandy hatte. Was haben sie alle gestaunt und sie bewundert, als sie auf dem Schulhof stand und sich jeder auf dem Display betrachten konnte! Damals muss das mit Joshi angefangen haben. Sarah konnte sich gut erinnern, wie er damals den Arm um Bettina gelegt hatte und ausgerechnet sie ein Foto von den beiden machen sollte. Sie hat sich so ungeschickt angestellt, dass Timo brüllte: „Ach, die Sarah hat ja noch nicht einmal ein Handy aus der Nähe gesehen. Lass mich mal machen." Joshi hat sie damals mit seinen wunderschönen braunen Augen ziemlich mitleidig angeschaut und sein dunkles Haar aus der Stirne geblasen. Und sich noch ein bisschen näher an Bettina gedrückt. Und die beiden sahen wirklich toll aus zusammen.

Während Sarah jetzt die Treppe herunterging, dachte sie mit Schaudern daran, dass sie wirklich ein paar Wochen geglaubt hatte, dass Joshi sich für sie interessiert hätte, als er ihr immer die Matheaufgaben erklärte. So ein Schmarrn. Der Joshi, der von seiner Mutter im Porsche abgeholt wird und in den Ferien mit den Eltern in die Karibik fährt. Und sie, Sarah, mit dem arbeitslosen Vater und der Mutter, die im Supermarkt an der Kasse sitzt.

Sarah entschloss sich, noch nicht nach Hause zu gehen, sondern ein bisschen in der Stadt zu bummeln. Es war jetzt richtig warm geworden und die Menschen eilten heiter durch die Fußgängerzone. Sarah hätte gerne ihr Sweatshirt ausgezogen, aber das ging nun wirklich nicht. Das T-Shirt darunter hatte eine riesige Mickymaus auf der Vorderseite; ein peinliches Stück Kleidung, das einmal weiß gewesen war, aber nun grau und die Mickymaus völlig verwaschen.

Vor dem M & M drängten sich die Leute an den Kleiderständern. Bildschöne Jeans hingen da und T-Shirts in allen Regenbogenfarben. Weiter hinten im Geschäft konnte Sarah einen Ständer mit Sonderangeboten erkennen. Nur mal anschauen, auch wenn sie noch nicht einmal die 10 Euro für das beste Schnäppchen hatte. Oder vielleicht mal anprobieren. Nur mal sehen, wie man aussieht, wenn man nicht in Flohmarkt- und Billigklamotten herumlaufen muss.

Ob man dann vielleicht ein ganz klein bisschen etwas von Bettina hat, so einen heiteren Glanz um sich, der von den neuen und geschmackvollen Pullis und Westen und Hosen auf einen zurückstrahlt, so dass man auch ganz ungestört die gelernten Wörter an die Tafel schreiben kann und ein Joshi den Arm um einen legt?

Auf dem Sonderpostenständer gab es beinahe alles – bauchfreie Jeans, winzige, flauschige Jäckchen – und dann dieses Sommerhemdchen! Smaragdgrün mit kleinen blauen und gelben Buntstiften darauf und federleicht mit seinen Spagettiträgern. 8 Euro! 8 Euro zu viel. Sarah hielt es sich vor den Körper und suchte einen Spiegel. Aber so weit reichte ihre Fantasie nicht, um herauszufinden, wie dieses Wunderwerk bei ihr aussehen würde; alles, was sie im Spiegel sah, war ein dunkellockiges Mädchen in einem entsetzlich rosafarbenen Sweatshirt, das neben dem Smaragdteil wie ein Putzlumpen aussah.

Sie musste wissen, ob es auf ihrer Haut so köstlich aussah wie es sich in ihrer Hand anfühlte! Endlich war eine Kabine frei. Sarah zerrte das Sweatshirt und den Mickymaus-Lappen über den Kopf und zog sich das Top über den Körper. Es war nicht zu fassen! Es schmiegte sich an ihre Haut, die nun bräunlich aufschimmerte und schien sich in ihren grünen Augen widerzuspiegeln. Selbst die Jeans sah nun ganz passabel aus.

Sarah hielt den Atem an. So morgen in die Schule kommen, sich auf ihren Platz setzen, die Locken aus dem Gesicht werfen und sich wohlfühlen. Auch an der Tafel, wenn man den Rücken zur Klasse gekehrt hat und sich nicht fragen muss, ob die anderen nun wegen der viel zu kurzen Hosenbeine tuscheln oder wegen der billigen Schuhe, die vergeblich so aussehen wollen, als stünde Nike auf ihnen oder Adidas oder Reebok. So morgen die Mathearbeit schreiben, wissen, dass man hübsche Schultern hat und einen schlanken Nacken, über dem binomische Formeln und Zahlenreihen ganz einfach zueinander finden würden. Und warum eigentlich nicht?

Konnte sie etwas dafür, dass ihr Vater schon seit beinahe zwei Jahren keine Arbeit mehr fand? Und die Mutter lieber sparte, weil sie nicht wusste, wie lange sie noch an der Kasse bleiben könnte, mit ihren Bandscheiben? Hatte sie nicht genau das gleiche Recht darauf, wie Bettina hübsch zu sein und sich wohl und zu Hause zu fühlen in dem, was man am Körper trug?

Zack. Die Nagelfeile, die sie immer in der Schultasche hatte, war schnell gefunden und überraschend schnell war der Plastikfaden durchtrennt, an dem das Preisschild befestigt war. Sarah war beinahe erschrocken. Aber nicht erschrocken genug, um nicht den kleinen Kartonfetzen in ihrer Brotbox verschwinden zu lassen und dann den rosaroten Kapuzensweater überzustreifen. Und aus der Kabine zu treten in den vollen Ladenraum mit den beschäftigten Verkäuferinnen. Zehn, zwölf Schritte nur – und dann wäre sie draußen in der Sonne und würde noch nicht einmal allzu spät zu Hause sein.

Als sie beinahe am Ausgang war, tippte ihr jemand auf die Schulter. „Hey, warte mal!“ Ein Mädchen, etwa so alt wie sie, stand hinter ihr. Sie trug eine altmodische Jeansjacke und die hässlichsten Hosen, die Sarah je gesehen hatte. „Ich glaube, du hast da etwas in der Umkleidekabine vergessen“, sagte sie und drückte ihr das Mickymaus-T-Shirt in die Hand. Dann sah sie Sarah kurz an, ging an ihr vorbei zum Ausgang und verschwand zwischen den heiteren, gut gekleideten Menschen in der Fußgängerzone.

6

a) Notiere dir nun aufgrund der Angaben Stichwörter für die Einleitung einer Inhaltsangabe zu dieser Geschichte.

b) Schreibe die Einleitung in dein Übungsheft.

7

a) Der Text zerfällt in zwei Teile. Markiere den Beginn des 2. Teils.

b) Was wird dem Leser in den ersten vier Absätzen mitgeteilt?

c) Den 2. Teil des Textes kannst du in vier Handlungsschritte unterteilen. Notiere sie stichpunktartig.

8

Unterstreiche alle Konjunktionen und Adverbien im Beginn des folgenden Hauptteils einer Inhaltsangabe.

Sarah lebt in einer nicht sehr wohlhabenden Familie und hat Leistungsschwierigkeiten in der Schule. Außerdem wird sie in ihrer Klasse nicht anerkannt, weil sie im Gegensatz zu anderen Schülern ungünstige und billige Kleidung tragen muss und kein Handy besitzt. Besonders Bettina und Joshi, Kinder von begüterten Eltern, sind Mitschüler, von denen sie sich abgelehnt fühlt.

9

a) Die Fortsetzung der Inhaltsangabe ist durcheinandergeraten.
Gib die richtige Reihenfolge mithilfe der Zahlen 1–4 an.

☐ Da sie es ungerecht findet, dass sie unter der finanziellen Situation ihrer Eltern leiden muss, will sie das Oberteil stehlen. Sie tauscht es gegen ihr verhasstes T-Shirt aus, entfernt das Preisschild und zieht ihr Sweatshirt über, um das Diebesgut so aus dem Geschäft zu schmuggeln.

☐ Bevor sie den Ausgang erreicht, wird sie von einem Mädchen angehalten, das ihr das in der Kabine zurückgelassene eigene T-Shirt in die Hand drückt.

☐ Nach einem Schultag, an dem ihr diese Situation wieder einmal bewusst wird, geht sie in die Fußgängerzone und landet in einem Bekleidungsgeschäft. An einem Sonderpostenständer sieht sie ein Oberteil, das sie sich gerne gekauft hätte.

☐ Obwohl sie weiß, dass sie kein Geld hat, probiert sie dieses Kleidungsstück an und stellt fest, dass es ihr ausgezeichnet steht.

b) Welche der einleitenden Konjunktionen verweisen auf Zeitverhältnisse, welche auf Ursachen und welche auf Gegensätze?

10

Formuliere zu der Inhaltsangabe einen Schlusssatz, indem du auf die Beziehung zwischen dem Text und dem Titel der Geschichte eingehst.

11

Die folgenden Texte stehen auf der Rückseite von Einbänden dreier Jugendbücher.

a) Unterstreiche alle Sätze blau, die auch in einer Inhaltsangabe vorkommen könnten.

b) Unterstreiche die Formulierungen rot, die die Neugier des Lesers wecken sollen.

A) Der sensationelle Romanerfolg des siebzehnjährigen Autors Nick McDonell – „Literarischer Amoklauf: McDonells Talentprobe ist zweifellos glanzvoll gelungen." (Focus)

White Mike ist Drogendealer und seine Kunden sind High-School-Schüler, die in den Weihnachtsferien gegen die Langeweile kämpfen, während ihre reichen Eltern im Urlaub oder auf Geschäftsreisen sind. Die größte Party aller Zeiten soll an Silvester stattfinden, und bis dahin hat White Mike noch einiges zu tun.

(Nick McDonell, Zwölf)

B) In die abgeschlossene Welt einer Insel vor der englischen Küste kommt Lucas, ein rätselhafter Fremder, der das Leben der 15-jährigen Cait unwiderruflich verändert. Eine Geschichte über Liebe und Hass – und alles, was dazwischen liegt.

(Kevin Brooks, Lucas)

C) Ein Sommer der Erkenntnis: Eine junge Frau begleitet ihren Vater in die Ferien und begibt sich damit unversehens auf eine Reise in die Vergangenheit. Erst im Rückblick offenbart sich ein vielschichtiges Familiendrama, das bis in die Gegenwart reicht. So erfährt die junge Frau, dass man Vergangenes zwar nicht neu zusammensetzen, aber verstehen lernen kann. Wieder einmal widmet sich Alexa Hennig von Lange einem großen Thema mit viel Gespür für den richtigen Ton: dicht, lakonisch und darum umso berührender.

(Alexa Hennig von Lange, Woher ich komme)

Belsazar

Die Mitternacht zog näher schon;
In stiller Ruh' lag Babylon.
Nur oben in des Königs Schloss,
Da flackert's, da lärmt des Königs Tross.
Dort oben in dem Königssaal
Belsazar hielt sein Königsmahl.
Die Knechte saßen in schimmernden Reihn
und leerten die Becher mit funkelndem Wein.
Es klirrten die Becher, es jauchzten die Knecht'
So klang es dem störrigen Könige recht.
Des Königs Wangen leuchten Glut;
Im Wein erwuchs ihm kecker Mut.
Und blindlings reißt der Mut ihn fort;
Und er lästert die Gottheit mit sündigem Wort.
Und er brüstet sich frech und lästert wild;
Die Knechteschar ihm Beifall brüllt.
Der König rief mit stolzem Blick;
Der Diener eilt und kehrt zurück.
Er trug viel gülden Gerät auf dem Haupt;
Das war aus dem Tempel Jehovas geraubt.
Und der König ergriff mit frevler Hand
Einen heiligen Becher, gefüllt bis am Rand.
Und er leert ihn hastig bis auf den Grund,
Und rufet laut mit schäumendem Mund:
Jehova! Dir kund ich auf ewig Hohn
Ich bin der König von Babylon!
Doch kaum das grause Wort verklang,
Dem König ward's heimlich im Busen bang.
Das gellende Lachen verstummte zumal;
Es wurde leichenstill im Saal.
Und sieh! Und sieh! An weißer Wand
Da kam's hervor wie Menschenhand;
Und schrieb und schrieb an weißer Wand
Buchstaben von Feuer, und schrieb und schwand.
Der König stieren Blicks da saß,
Mit schlotternden Knien und totenblass.

Die Knechtschar saß kalt durchgraut
Und saß gar still, gab keinen Laut.
  Die Magier kamen, doch keiner verstand
  Zu deuten die Flammenschrift an der Wand.
Belsazar ward aber in selbiger Nacht
Von seinen Knechten umgebracht.

Heinrich Heine (1797–1856)

Schreibe zu der Ballade von Heinrich Heine eine Inhaltsangabe. Lies dir den Text zuvor mehrfach gut durch.
Folgende Angaben helfen dir, den Text zu verstehen und die Einleitung zu formulieren.

Belsazar war ein babylonischer Kronprinz, der seit 551 vor Chr. die Regierungsgeschäfte führte und 539 starb. Im Alten Testament wird er als Gotteslästerer geschildert, dem durch eine Schrift an der Wand (das sogenannte Menetekel) der bevorstehende Untergang seines Reiches verkündet wurde.
Jehova ist die biblische Bezeichnung für Gott. Unter „Magiern" versteht man die Weisen, die Unerklärliches deuten können.

Formuliere die Inhaltsangabe mit Einleitung, Hauptteil und Schluss.

4.7 Checkliste: Inhaltsangabe

Wenn du eine Inhaltsangabe schreibst, solltest du folgende Punkte abhaken können:

1. Du liest dir den Text zweimal gut durch und klärst alle unbekannten Begriffe und Textstellen. Außerdem informierst du dich über den Autor bzw. die Autorin. ☐
2. Du überlegst dir, welche Informationen der Leser über den Inhalt braucht und markierst diese im Text. Falls das nicht möglich ist, notierst du dir diese Angaben auf einem Zettel. ☐
3. Du überprüfst deine Notizen und überlegst dir, ob du die Reihenfolge möglicherweise ändern musst, damit der Zusammenhang der Handlungsschritte deutlich wird. ☐
4. Nun formulierst du die Inhaltsangabe aus und achtest darauf, dass grundlegende Informationen in der Einleitung übermittelt werden und das Geschehen im Hauptteil verständlich zusammengefasst wird. ☐
5. Jetzt kontrollierst du, ob du knapp und sachlich formuliert hast und der Text durchgehend im Präsens geschrieben wurde. Du achtest auch darauf, dass nur die dritte Person vorkommt und dass die wörtliche Rede vermieden wurde. ☐
6. Nun formulierst du den Schluss und gibst eine knappe Bewertung ab. ☐
7. Bei der Inhaltsangabe zu einem Film schaust du ihn dir konzentriert an und notierst dir dabei das Geschehen sowie den Namen des Regisseurs. Mit diesen Notizen verfährst du ebenso wie es in Punkt 3 bis 6 beschrieben wurde. Falls du den Film ein zweites Mal anschauen kannst, überprüfst du, ob dein Text das Geschehen korrekt wiedergibt. ☐

4.8 Literarische Texte untersuchen und umwandeln

Situation

Tina wird eine Jahrgangsstufenarbeit schreiben. Dazu gehört auch, dass sie einen literarischen Text untersuchen und Erschließungsfragen beantworten kann. Außerdem muss sie den Inhalt in Form eines eigenen Textes aufgreifen, umwandeln oder weiterführen können.

Merkmale einer Textuntersuchung

Im Gegensatz zu einer Inhaltsangabe sollst du in einer Textuntersuchung beweisen, dass du die **Aussage des Textes** verstanden hast und dies belegen kannst.

Mithilfe von **Erschließungsfragen**, die sich auf das Thema, die handelnden Personen, die Grundstimmung oder auch auf den Aufbau eines Textes beziehen können, kommst du seiner Aussage auf die Spur.

Nachdem du die gestellten Fragen genau gelesen hast, **unterstreichst** du die Stellen im Text, die eine Antwort beinhalten oder schreibst dir **Stichworte** dazu heraus.

Eine weitergehende Textuntersuchung erwartet von dir Grundkenntnisse über die Gattungen **Epik, Dramatik** und **Lyrik** sowie deren verschiedene Erscheinungsformen (z. B. Kurzgeschichte, Hörspiel oder Ballade). Die Beantwortung solcher Untersuchungsfragen ist die Grundlage einer Textbeschreibung.

Bei Aufgaben zur **Textproduktion** kommt es darauf an, dass du den vorgegebenen Text umwandeln, fortsetzen oder aus einer anderen Erzählperspektive wiedergeben kannst. Dazu muss man einerseits den Ausgangstext vollkommen verstanden haben, andererseits die Stilmerkmale des geforderten Textes kennen und beachten.

1

Beantworte die folgenden Erschließungsfragen zu der Geschichte „Zehn, zwölf Schritte nur".
Achte darauf, dass deine Antworten ausführlich, gut formuliert und sprachlich korrekt sind.

a) Wie fühlt sich Sarah in der Klasse? Beschreibe die Stellung, die sie innerhalb der Klassengemeinschaft einnimmt.
b) Wie steht sie Bettina und Joshi gegenüber?
c) Wie rechtfertigt sie vor sich selbst, ein Kleidungsstück zu stehlen?
d) Was will die Autorin dieser Geschichte deiner Meinung nach den Lesern übermitteln?

2

Der Leser weiß nicht, was Sarah nach der Begegnung mit dem Mädchen tun wird. Im Rahmen der Jahrgangsstufenarbeit hat Tina die folgende Fortsetzung geschrieben.

Sarah sah sich um. Niemand schien den Vorfall beobachtet zu haben, alle Verkäuferinnen waren beschäftigt. Nun gab es kein Zurück mehr. Kein Piepsen ertönte an der Kontrollschranke, als sie ins Freie ging. Kein Kaufhausdetektiv tippte ihr dort auf die Schulter. Unbehelligt stieg sie in den Bus nach Hause. Die alte Frau, die ihr gegenübersaß, blickte sie misstrauisch an. Ob sie etwas ahnte? Sarah fühlte sich unbehaglich. Ob Mutter etwas ahnte, als sie zu Hause schnell in ihr Zimmer ging und das Hemdchen ganz hinten im Schrank versteckte?
Während der nächsten Tage war es kalt und es wäre albern gewesen, mit dem schulterfreien Top in der Schule aufzukreuzen. Aber dann kam der Abend, an dem Sarah zu einer Party eingeladen worden war. Das war die Gelegenheit für das neue Hemdchen. Natürlich konnte sie es erst bei Lisa im Badezimmer anziehen, wie hätte sie ihrer Mutter erklären sollen, wie sie zu so einem Kleidungsstück gekommen war? Schnell drückte sie sich aus dem Haus und eilte zur Haltestelle.
Den wartenden Bus sah sie schon, aber nicht das Auto, das sie mitten auf der Straße anfuhr. Zwei herrliche Sommerwochen musste sie im Krankenhaus verbringen. Als sie wieder zu Hause war, nutzte sie die nächste Gelegenheit, um das Top in den Kleider-Container der Caritas zu stopfen. Sie wusste, es würde ihr kein Glück bringen.

a) Wie wird der Originaltext durch diese Fortsetzung verändert?

b) Schreibe ein Ende, in dem Sarah schon im Geschäft zu einer anderen Entscheidung kommt.

3

Überprüfe dein Fachwissen über epische Texte, indem du die Antworten richtig zuordnest und in das untenstehende Raster einträgst.

1. Wodurch unterscheidet sich ein Roman von einer Erzählung bzw. Novelle?
2. Nenne vier Merkmale einer Kurzgeschichte.
3. Was haben Sagen, Märchen, Fabeln und Legenden gemeinsam?
4. Was ist der Unterschied zwischen der Erzählperspektive eines Ich-Erzählers, eines Er-Erzählers und der erlebten Rede?
5. Was versteht man unter einer „inneren Handlung“?
6. Was ist eine Rahmenhandlung?
7. Wozu dienen Rückblicke oder Vorausdeutungen?
8. Was versteht man unter einer Spannungskurve?
9. Was ist der Unterschied zwischen Raffung und Dehnung?

a) Der Ich-Erzähler vermittelt das Geschehen aus seiner persönlichen Perspektive; der Er-Erzähler steht über dem Geschehen und weiß mehr über Vergangenheit und Zukunft als die handelnden Personen. Bei der erlebten Rede erfährt der Leser die Gedanken einer literarischen Person unmittelbar, er befindet sich in ihrem Bewusstsein.
b) Sie beginnt unvermittelt und endet mit einem offenen Schluss. Das Geschehen wird knapp einem Höhepunkt zugeführt. Der Leser bekommt kein Hintergrundwissen über die Personen.
c) Die Handlung spielt sich in der Gedanken- und Gefühlswelt einer Person ab.
d) Die Abfolge einzelner Erzählabschnitte wird so aufgebaut, dass sie sich in Form einer Steigerung auf einen Höhepunkt hin entwickeln.
e) In ihnen tritt die Alltagswelt zurück.
f) Sie bettet das eigentliche Geschehen (die Binnenerzählung) ein und vermittelt dadurch Kontrast oder Tiefe.
g) Dadurch erhält der Leser mehr Informationen über Hintergrund des Geschehens bzw. dessen Fortsetzung.
h) Bei der Raffung wird ein größerer Zeitraum in wenigen Sätzen zusammengefasst, bei der Dehnung wird ein kurzer Moment ausführlich beschrieben.
i) Ein Roman ist im Allgemeinen länger und enthält mehrere Handlungsstränge.

1. ___ 2. ___ 3. ___ 4. ___ 5. ___ 6. ___ 7. ___ 8. ___ 9. ___

4

Lies folgende Angaben, die in einem Nachschlagewerk über dramatische Texte nachzulesen sind, und unterstreiche die wichtigsten Begriffe.

Dramatische Texte sind eigentlich keine Lesetexte, sondern sollen auf einer Bühne, in einem Film oder in Form eines Hörspiels von Schauspielern oder Sprechern umgesetzt werden.
Bei einer solchen Umsetzung wird in einem beschränkten Zeitraum ein Ereignis vor dem Publikum entwickelt, zu einem Höhepunkt gebracht und zu einem wirkungsvollen Ende geführt.
In traditionellen dramatischen Texten entfaltet sich die Handlung in drei oder fünf Akten, die wiederum in Szenen unterteilt sind. Es gibt jedoch auch Einakter oder Sketche, in denen sich das Geschehen in einem kürzeren Zeitraum zu einem Höhepunkt hin entwickelt.
Tragödien sind dramatische Texte, die den Untergang einer oder mehrerer Figuren zum Thema haben; in Komödien verwandelt sich eine zunächst verwickelte Ausgangslage zu einem guten Ende.
Die Handlung eines dramatischen Textes entfaltet sich in Dialogen (Zwiegesprächen) und Monologen (Selbstgesprächen).
Szenenanweisungen geben an, wie man sich das Umfeld vorzustellen hat und in welcher Verfassung die handelnden Personen sind.

5

Lies den folgenden Text zunächst leise, dann laut.

Gute Freunde

Pia sitzt frisch geschminkt und frisiert auf ihrem Bett und starrt ihr Handy an.

Pia Also, ich verstehe das nicht. Jetzt habe ich drei SMS an ihn geschickt und er rührt sich einfach nicht. Wo steckt er bloß?

Das Handy summt.

Pia Na, endlich. Das ist er!

Sie drückt auf Empfang.

Pia Hallo, Benni. Na, was geht?

Benni Wieso? Was geht?

Pia Na, wegen heute Abend. Du, ich freu mich so! Meine Eltern habe ich rumgekriegt und ich darf bis 10.00 Uhr bleiben.

Benni Aha. Schön.

Pia Wieso schön. Ich finde das so super, dass du mich mitnimmst. Jetzt gehen wir schon vier Wochen miteinander und ich kenne den Jacko und den Edi immer noch nicht. Ehrlich, ich habe schon gedacht, du willst deine Freunde vor mir verstecken.

Benni Nö.

Pia Naja. Manchmal bin ich halt ein bisschen blöd. Das liegt bei uns in der Familie. Wenn die Freundin von meinem Bruder mal nicht anruft, denkt der auch gleich, dass sie einen anderen hat. Also, wann holst du mich ab?

Benni Hm. Also, das ist so. Die Steffi will auch mit.

Pia Klasse. Ist doch gut. Dann lerne ich deine Schwester auch einmal kennen.

Benni Wieso Schwester? Ach so. Also, eigentlich ist sie nicht meine Schwester. Sie ist halt die Tochter von meinem Stiefvater.

Pia Na und? Macht doch nichts. Dann hast du halt zwei Mädels dabei.

Benni Aber das geht nicht. Die Steffi will mit mir allein sein.

Pia Mit dir allein sein? Aber wieso? Schließlich gehen doch wir miteinander.

Benni Ja? Also ich weiß nicht. Ich finde dich ja echt nett, Pia, aber weißt du, die Steffi und ich, das habe ich gestern gemerkt, wir passen echt gut zusammen.

Pia ist still geworden.

Pia *(leise und etwas zittrig)* Wie? Was soll denn das heißen?

Benni Also, Pia, echt, du bist ein richtig guter Kumpel. Und wir können doch gute Freunde bleiben.

Pia starrt ungläubig ihr Handy an.

Benni Pia? Bist du noch dran? Du, ich muss jetzt los. Die Steffi wartet schon. Sei nicht sauer. Hallo? Du bist wirklich klasse, echt, das meine ich ernst.

Pia hält das Handy schlaff in ihrer Hand.

Benni Hallo, Pia. Mach doch keinen Blödsinn. Ich sehe dich morgen …

Pia schaltet das Handy aus und wirft es auf ihr Bett. Sie geht zum Fenster und starrt hinaus.

Pia Gibt's das? Hat der jetzt am Handy mit mir Schluss gemacht?

Sie reißt ihre Spangen aus dem Haar und rennt aus dem Zimmer.

a) Unterstreiche die Monologe.

b) Was erfährt der Leser durch die Szenenanweisungen?

c) Welcher Satz markiert den Höhepunkt der dramatischen Handlung?

6

Später am Abend schreibt Pia in ihr Tagebuch. Wie lautet ihr Text?

7

Ergänze in den nachfolgenden Erläuterungen die fehlenden Überschriften:

a) **Welche Besonderheiten gibt es in lyrischen Texten?**
b) **Welche formalen Merkmale zeichnen ein Gedicht aus?**
c) **Welche Wirkung hat das Gedicht auf mich?**
d) **Welche sprachlichen Merkmale lassen sich erkennen?**

Untersuchungsfragen zu lyrischen Texten

(1) ____

Das Wort „Gedicht" weist darauf hin, dass es sich in lyrischen Texten um eine verdichtete, konzentrierte Form der Aussage handelt, die dem Leser oder Zuhörer mithilfe von Klang und Rhythmus zugänglich gemacht werden soll.
Dazu dient die Einteilung in **Strophen**, welche die einzelnen Verse (Zeilen eines Gedichts) verknüpfen und den Inhalt gliedern, sowie die Verwendung eines **Reimschemas**, das den Klang bestimmt.
Hinzu kommt das **Versmaß**, das mithilfe von Hebungen (betonte Silben) und Senkungen (nicht betonte Silben) den einzelnen Versen einen Rhythmus verleiht.

Beispiel:

Ich gíng im Wálde (a)

So fúr mich hín (b)

Und níchts zu súchen (c)

Das wár mein Sínn. (b)

Johann Wolfgang von Goethe (1749–1832)

(Das Zeichen ˊ steht für Hebung; (a), (b), (c) bezeichnen das Reimschema).

(2) ______________________________

In Gedichten soll der Leser auf der Gefühlsebene angesprochen werden. Mithilfe von

Symbolen („Herz" für Liebe),
Metaphern (die „Krone" der Schöpfung),
Vergleichen („schön wie die Sonne")
Personifikation (der Sturm „tobte")
Lautmalerei („dunkles Donnern") und
Alliteration („wallende, wogende Wellen")

wird in Gedichten die Aussage bildhaft oder hörbar ausgedrückt und so verschlüsselt, dass der Leser zu Gedankenverbindungen angeregt wird.

(3) ______________________________

Eine Sonderform der Lyrik sind die **Balladen**, bei denen ein erzähltes Geschehen im Vordergrund steht. Damit ähneln sie epischen Texten, aber im Gegensatz dazu enthalten die Erzählgedichte Strophen, Reimschema und Versmaß.
In modernen lyrischen Texten gibt es oft keine Einteilung in regelmäßige Strophen mit Endreimen oder einem wiederkehrenden Versmaß. Dennoch wird mithilfe von **sprachlicher Verschlüsselung** und rhythmischen Elementen eine verdichtete Aussage übermittelt.

(4) ______________________________

Ein Gedicht sollte man nicht nur still, sondern auch laut lesen. Wenn man den Klang der Wörter und Reime, den Rhythmus des Versmaßes und die Lautmalerei **hört**, kann man den Text verstärkt auf sich wirken lassen und kommt der Aussage leichter auf die Spur. Dunkle Vokale (a, o, u) erzeugen oft eine düstere, traurige Stimmung; helle (e, i, ei) dagegen eine heitere.

8

Lies das folgende Gedicht mehrmals laut durch und überlege dir, welche Wirkung es auf dich hat.

Der Abend

Schweigt des Menschen laute Lust:
Rauscht die Erde wie in Träumen
Wunderbar mit allen Bäumen
Was dem Herzen kaum bewusst,
Alte Zeiten, linde Trauer,
Und es schweifen leise Schauer
Wetterleuchtend durch die Brust.

Joseph von Eichendorff (1788–1856)

9

Untersuche es nun genauer, indem du folgende Fragen beantwortest:

a) Wie lautet das Reimschema?

b) Wodurch ist das Versmaß gekennzeichnet? Markiere Hebungen und Senkungen.

c) Gibt es Vergleiche, Personifikationen, Lautmalereien, Alliterationen oder Metaphern?
Unterstreiche die Textstellen mit jeweils unterschiedlichen Farben.

10

Wie unterscheiden sich die Gedichte „Belsazar“ von Heinrich Heine und „Der Abend“ von Joseph von Eichendorff in Inhalt, Wirkung und Aussage? Schreibe einen kurzen zusammenhängenden Text in dein Übungsheft. Folgende Stichwörter helfen dir vielleicht, du kannst jedoch auch zu eigenen Ergebnissen kommen.

	Belsazar	**Der Abend**
Textart	Ballade	Stimmungsgedicht
Inhalt	Dramatisches Ereignis	Beschreibung einer Atmosphäre
Wirkung	Erschrecken	Beruhigung, Trauer
Aussage	Mahnung	Ahnung, Erinnerung

1

Beantworte die folgenden Erschließungsfragen zu dem Text „Gute Freunde".

a) Woran wird bereits im ersten Teil des Telefongesprächs deutlich, dass Pia eine Enttäuschung erleben wird?

b) Warum hat der Text die Überschrift „Gute Freunde"?

2

Untersuche den Text „Zehn, zwölf Schritte nur" und beantworte folgende Fragen:

a) Nenne den ersten Rückblick in dieser Geschichte.

b) Im 4. Absatz kannst du zwischen innerer und äußerer Handlung unterscheiden. Unterstreiche die Textstellen mit unterschiedlichen Farben.

3

Schreibe eine Zeitungsmeldung zu dem Geschehen in Heinrich Heines „Belsazar".

König Belsazar – Opfer eines Mordanschlags

4.9 Checkliste: Textuntersuchung

Wenn du einen literarischen Text untersuchen musst, solltest du die folgenden Punkte abhaken können:

1. Du hast den Text mindestens zweimal gründlich gelesen und schwer verständliche Textstellen geklärt. ☐
2. Du bist dir darüber im Klaren, wann und wo das Geschehen spielt und was das Grundthema des Textes ist. Dazu beachtest du die Angaben zum Verfasser und den Titel des Textes. ☐
3. Nun überlegst du dir, welche Wirkung der Text auf dich hat und was du von den Personen hältst. ☐
4. Du liest dir die Erschließungsfragen genau durch und unterstreichst im Text die Passagen, die eine Antwort beinhalten. ☐
5. Bei Untersuchungsfragen zu Textart, Aufbau, Form etc. benutzt du die Fachbegriffe und setzt sie richtig ein. ☐
4. Deine Antworten formulierst du zusammenhängend und sprachlich korrekt und belegst sie mit Zitaten oder Zeilenangaben aus dem Text. ☐
5. Bei einer Aufgabe zur Textproduktion überlegst du dir zuerst, welche Anforderungen der von dir zu schreibende Text stellt. ☐
6. Wenn du eine Geschichte zu Ende erzählen sollst, muss dein Text zum Beginn passen; wenn du sie aus einer anderen Perspektive wiedergeben sollst, musst du dich in die Rolle eines anderen Handlungsträgers versetzen. ☐
7. Wenn du einen literarischen Text zu einem Sachtext (z. B. Bericht) umwandeln sollst, achtest du auf die Grundmerkmale des neuen Textes. ☐
8. Du überprüfst deine Antworten und verbesserst mögliche Fehler. ☐

4.10 Eine Textbeschreibung verfassen

Situation

Mark soll eine Textbeschreibung mit folgendem Thema verfassen: „Beschreibe die Spannungskurve in dem Text ‚Gute Freunde' und gehe dabei auf die Gegensätzlichkeit der beiden Handlungsträger ein."

Merkmale einer Textbeschreibung

In einer Textbeschreibung legst du in einem zusammenhängenden Aufsatz dar, zu welchen Ergebnissen du nach einer genaueren Untersuchung eines literarischen Textes gekommen bist. Dabei wird dir im Allgemeinen eine **Untersuchungsfrage** oder ein **Untersuchungsauftrag** gestellt, die folgendermaßen lauten können:

- Wie ist der Text gegliedert?
- Beschreibe die Spannungskurve des Textes.
- Welche Personengruppen stehen sich gegenüber?
- Was sagen die Verben/Adjektive über die Personen aus?

Um Untersuchungsfragen zu beantworten, musst du nicht nur den **Inhalt** des Textes verstanden, sondern auch dessen **Absicht** und **Aussage** entschlüsselt haben. Nachdem du die Untersuchungsfrage gut überdacht hast, bereitest du die Antwort mit Hilfe von Unterstreichungen und Stichwortnotizen vor.

Zu Beginn der Textbeschreibung nennst du Verfasser, Titel, Textart, Thema und Entstehungszeitraum des Textes. Danach wird der Leser kurz über den Inhalt informiert.

Im Hauptteil der Textbeschreibung greifst du die Untersuchungsfrage auf und beantwortest sie gründlich, ausführlich und zusammenhängend. Dabei verwendest du die Fachbegriffe.

Im Schluss fasst du deine Antwort zusammen oder äußerst deine eigene Meinung zu dem Text oder formulierst einen Deutungsvorschlag.

1

Mark hat zunächst die einzelnen Handlungsschritte erarbeitet. Nun muss er die dazugehörenden Buchstaben a) - f) richtig in die untere Zeile des Schemas mit seiner Spannungskurve eintragen. Wo gehören sie hin?

a) Benni erzählt von Steffi, seiner Stiefschwester. Pia ahnt noch nicht, dass er ihr eine Absage mitteilen möchte.

b) Pia hat sich auf einen Abend mit ihrem Freund vorbereitet und wartet ungeduldig auf seinen Anruf.

c) Pia erfährt, dass Steffi mehr ist als Bennis scheinbare Stiefschwester.

d) Benni erteilt Pia eine Absage und speist sie mit der Bitte ab, dass sie „gute Freunde" bleiben können.

e) Pia versucht zu begreifen und ist zutiefst enttäuscht.

f) Als Benni anruft, ist er wortkarg, während Pia ihm ihre Vorfreude mitteilt.

Ausgangslage	1. Steigerungsstufe	2. Steigerungsstufe	3. Steigerungsstufe	Höhepunkt	Abfall der Handlung

2

Zeichne nun die Spannungskurve in das Schema ein.

3

Die endgültige Fassung der Textbeschreibung ist durcheinandergeraten. Ordne die Buchstaben a - g richtig zu.

Einleitung ____

Hauptteil ____ ____ ____ ____ ____

Schluss ____

a) Zu Beginn der Handlung ist Pia sehr erwartungsvoll, denn ihr Freund Benni will sie an diesem Abend seinen Freunden vorstellen. Aufgrund der Szenenanweisungen wissen wir, dass sie sich für den Anlass schöngemacht hat und nun ungeduldig auf Bennis Anruf wartet.

b) In dem kurzen dramatischen Text „Gute Freunde", der in der heutigen Zeit spielt, wird ein Telefongespräch zwischen den beiden Jugendlichen Pia und Benni wiedergegeben. Aufgrund der Szenenanweisungen erfährt der Leser, dass der Schauplatz der Handlung Pias Zimmer ist, in dem sie innerhalb von wenigen Minuten eine große Enttäuschung erlebt, weil Benni mit ihr „Schluss macht."

c) Diese wird verstärkt, als Benni seine Stiefschwester Steffi erwähnt. Für Pia ist sie „nur" seine Schwester, aber Bennis umständliche Gesprächsbeiträge, die jetzt etwas ausführlicher sind, zeigen, dass er Pia auf eine unangenehme Nachricht vorbereiten möchte. Erst als Benni „mit der Sprache herausrückt" und deutlich macht, dass Steffi eigentlich gar nicht mit ihm verwandt ist, ahnt Pia, dass Steffi wesentlich mehr für Benni ist als seine „Stiefschwester".

d) Als ihr Freund sich meldet, sprudelt Pia ganz spontan ihre Gefühle heraus. Sie erzählt von ihrer Freude und von ihren Ängsten und scheint gar nicht zu merken, dass Benni im Gegensatz zu ihr sehr einsilbig und zurückhaltend ist. Dieses unterschiedliche Gesprächsverhalten zu Beginn der Szene zeigt schon recht deutlich, dass etwas zwischen den beiden nicht in Ordnung ist und man ahnt, dass das Gespräch für Pia nicht gut ausgehen wird, was eine Spannung erzeugt.

e) Hier wendet sich die Handlung: Pia wird stiller, Benni gesprächiger. Höhepunkt des Gesprächs ist, als Benni die Veränderung seiner Beziehung zu Pia damit mildern möchte, dass er sie als „Kumpel" bezeichnet und ihr vorschlägt, „gute Freunde" zu bleiben.

f) Die kurze Szene zeigt eine mehrfache Enttäuschung. Denn nicht nur, dass Pias Beziehung zu Benni beendet wird und sie mit dem Verweis auf gute Freundschaft abgespeist wird, ist für sie bitter. Vor allem, dass dies am Telefon geschieht und sie innerhalb von wenigen Minuten alle Hoffnungen begraben muss, ist ein Augenblick, der wohl im Leben vorkommen kann, den man aber lieber nicht erleben möchte.

g) In ihrer Fassungslosigkeit wird Pia nun völlig stumm, während Benni ins Leere redet. Nach diesem Höhepunkt fällt die Spannungskurve ab. Man verfolgt noch, wie Pia die Situation zu begreifen und zu bewältigen versucht, indem sie aus dem Fenster starrt und später aus dem Zimmer rennt. Das nun ausgeschaltete Handy und die zerstörte Frisur sind Zeichen der Gegensätzlichkeit im Vergleich zur Ausgangslange.

4

a) Unterstreiche alle Fachbegriffe, die in der Textbeschreibung verwendet werden (z. B. Handlung, Szenenanweisungen, etc.).

b) Markiere in einer anderen Farbe alle Textstellen, in denen auf die Gegensätzlichkeit der Handlungsträger verwiesen wird.

5

Notiere die einzelnen Handlungsabschnitte bei der Spannungskurve zu Heinrich Heines Ballade „Belsazar".

Ausgangslage: Der König hält mit seinem Gefolge ein Trinkgelage in seinem Schloss ab.

1. Steigerung ______________________________

2. Steigerung ______________________________

____

1. Höhepunkt ______________________________

____

Abfall der Kurve ______________________________

Schluss ______________________________

1

Das Thema einer anderen Textbeschreibung lautet: „Heinrich Heine gelingt es in ‚Belsazar', das Geschehen so darzustellen, dass man sich den Anblick und die Geräusche gut vorstellen kann. Weise dies anhand der Verben und Adjektive in diesem Text nach."
Notiere dir hier Verben und Adjektive aus dem Text.

Anblick	**Geräusche**
flackern, schimmernd, ______	*still, lärmen,* ______
______	______
______	______
______	______
______	______
______	______

2

Schreibe in dein Übungsheft eine Textbeschreibung zu folgendem Thema:

In der Geschichte „Zehn, zwölf Schritte nur" gibt es zahlreiche Gegensätze zwischen der Hauptfigur Sarah einerseits und Bettina und Joshi andererseits. Zeige die Unterschiedlichkeiten auf und belege sie mit Textstellen. Du brauchst nur auf diese Frage einzugehen und kannst die Einleitung weglassen.

4.11 Checkliste: Textbeschreibung

Wenn du eine Textbeschreibung schreibst, solltest du folgende Punkte abhaken können:

1. Du hast den Text mindestens zweimal gründlich gelesen und Verständnisschwierigkeiten geklärt. ☐
2. Danach hast du entschieden, um welche Textart es sich handelt und dich über Autor und Entstehungszeit, so weit es dir möglich ist, informiert. Du kannst das Thema benennen. ☐
3. Nun liest du die Untersuchungsfrage genau und markierst die notwendigen Angaben im Text oder schreibst sie dir stichwortartig heraus. ☐
4. Du beginnst mit der Einleitung und vergisst nicht, den Text knapp zusammenzufassen, sodass der erste Teil deiner Textbeschreibung vollständig ist. ☐
5. Bei dem zweiten Teil, in dem du die Ergebnisse deiner Untersuchung formulierst, achtest du darauf, dass du die Frage vollständig beantwortest und nicht vom Thema abweichst. ☐
6. Du verwendest die notwendigen Fachausdrücke und achtest auf verständlichen und flüssigen Ausdruck. ☐
7. Der Schlussgedanke rundet deine Ausführungen ab, er fasst deine Untersuchung zusammen oder spiegelt deinen persönlichen Eindruck wider. ☐
8. Jetzt liest du deine Arbeit noch einmal gut durch und achtest darauf, dass die Rechtschreibung und Zeichensetzung stimmt. ☐

Lösungen

1 Berichten

1.1 Start

1

Superstark

2

c), e)

1.2 Über ein persönliches Erlebnis berichten

1

Mareikes Text

2

a) abwechslungsreiche Fahrt
b) Die Klasse 8b traf sich um 8.15 Uhr am Bahnhof und konnte um 9.05 Uhr vollständig in den Zug einsteigen. Nach einer abwechslungsreichen Fahrt von 4 Stunden und 15 Minuten, die von zweimaligem Umsteigen unterbrochen wurde, erreichten wir um 13.10 Uhr den Zielbahnhof und kamen nach einem halbstündigen Fußmarsch an der Jugendherberge an.
c) Es werden nur Fakten genannt; über das Erlebnis wird nicht berichtet.

3

a) Wie es zu unserer Klasse gehört, war schon die Anreise ein absolutes Chaos. Lars hatte natürlich wieder einmal verschlafen und hetzte beinahe zu spät auf den Bahnsteig. Er ließ sich auch nicht von Herrn Meister beeindrucken, der schon eine Weile lang nervös, aber vergeblich mit seinem Handy hantiert hatte, um ihn zu erreichen. Im Zug beglückte unsere Klasse unsere Mitreisenden mit fröhlichem und lauten Gesang, umgeschütteten Colaflaschen und einem munteren Fangspiel zwischen den Abteilen. Kein Wunder, dass die beiden uns begleitenden „Lehrkörper" reichlich genervt waren, als wir ankamen. Wir aber auch – bei sengender Hitze schleppten wir uns zu der Jugendherberge und brachen beinahe verdurstet auf der Türschwelle zusammen. Das kann ja toll werden!

b) Er handelt überwiegend von Katrins persönlichen Eindrücken.

c) Zu einem Erlebnisbericht gehört die sachliche Darstellung des Erlebnisses.

4

a) und b) Die Klassenfahrt der 8b begann am Montag, den 2. September um 8.15 Uhr am Bahnhof. Obwohl der Zug, der uns nach Beingries bringen sollte, erst um 9.05 Uhr abfahren sollte, war dieser frühe Zeitpunkt klug gewählt, denn um halb neun fehlte Lars Christiansen immer noch. Dennoch gelang es, dass alle 24 Schüler pünktlich den Zug besteigen konnten. Während der langen Fahrt versuchten wir uns mit Musik und Spielen zu beschäftigen, was nicht immer die Freude unserer Mitreisenden erweckte. Daher waren nicht nur die Schüler, sondern auch unsere beiden Lehrer, Herr Meister und Frau Stubner, froh, als wir nach 5-stündiger Fahrt endlich in Beingries ankamen. Allerdings ahnten wir noch nicht, dass uns ein längerer Fußmarsch zur Jugendherberge bevorstand, was angesichts der Hitze und des schweren Gepäcks so manchen zum Jammern und Klagen veranlasste.

c) Über das Reiseerlebnis wird sachlich und knapp berichtet.

Test

1

a) … war schon die Anreise etwas chaotisch.

b) … eilte verspätet auf den Bahnsteig.

c) … dass es für die beiden Lehrer sehr angestrengend war, …

d) … begaben wir uns durstig zu der Jugendherberge.

2

unterhaltsam, interessant
erreichen, anlangen
glücklich, heiter

3

Für die Nachtwanderung brachen wir um 20.00 Uhr nach dem Abendessen auf. Die beschwerliche Route führte uns 1 ½ Stunden lang durch den dunklen und nebligen Wald. Viele von uns fühlten sich unbehaglich und ängstlich, bevor wir im Steinbruch „Spundloch“ ankamen. Hier wärmten wir uns bis 22.30 Uhr an einem Lagerfeuer, bis wir den Rückmarsch antraten. Nach einer Stunde wurden wir von einem heftigen Gewitter überrascht, das uns bis auf die Knochen durchnässte.

1.3 Einen Unfallbericht verfassen

1

a) „Ohne Brille ist der Tobias doch blind wie ein Maulwurf. Aber sie ist ja am Morgen kaputtgegangen. Deswegen ist er doch über diese Baumwurzel gestolpert, die auf dem Weg war."

b) „Mir war auch ganz komisch an dieser schmalen Wegstelle zumute, wo der Tobias dann heruntergefallen ist. Ausgerechnet da war ja auch das Halteseil zerrissen."

c) „Ich habe einen derartigen Schrecken bekommen, als er da die zehn Meter herunterrollte und gegen den Felsklotz rammte."

d) „Wir waren ja alle so kaputt, es war ja schon spät am Nachmittag, fast 5.00 Uhr und er wollte bestimmt auch den letzten Abschnitt des Abstiegs so schnell wie möglich hinter sich bringen."

e) „Mann, war ich froh, als Frau Stubner ihn 5 Minuten später wieder oben hatte und Erste Hilfe leistete!"

2

Unfallort	schmale Wegstelle auf dem Rückweg
Zeitpunkt	gegen 5.00 Uhr nachmittags
Mögliche Ursachen	Baumwurzel auf dem Weg; zerrissenes Halteseil an der Unfallstelle
Hergang	Schüler stürzte am Unfallort, fiel etwa 10 Meter einen Abhang herunter, wobei er gegen einen Felsklotz stieß
Maßnahmen	Erste Hilfe von der Lehrkraft Frau Stubner

3

Am Mittwoch, den 4. September, **unternahm** die Klasse eine Bergwanderung auf die Hohe Geiß, nachdem die Lehrkräfte **überprüft hatten**, ob alle Schüler sichere Schuhe trugen. Auf dem letzten Abschnitt des Rückwegs **stolperte** der Schüler an einer schmalen Wegstelle, wo es auch kein Sicherungsseil gab, über eine Wurzel und **verlor das Gleichgewicht**. Während er etwa 10 Meter den Abhang herunterrutschte, prallte er gegen mehrere **Felsbrocken**. Nachdem die Lehrkraft Frau Stubner **Erste Hilfe geleistet hatte**, konnte er den Rest des Weges **bewältigen**. Nach unserer Ankunft im Dorf wurde er **unverzüglich** zu einem Arzt gebracht. Dort wurde festgestellt, dass die Verletzungen **geringfügig** waren. Nachdem seine **Schürfwunden** ärztlich **behandelt worden waren** und ihm eine Tetanusspritze **verabreicht worden war**, konnte er den Rest des Aufenthaltes weitgehend beschwerdefrei verbringen.

Test

1

Am Morgen, als die Brille zu Schaden kam, war der Waschraum überfüllt und der Boden mit Waschutensilien bedeckt. Da auf den Ablageflächen kein Platz mehr war, hatte mein Mitschüler Tobias auch seine Brille auf den Boden gelegt. Als ich die Dusche verließ, rutschte ich auf dem nassen Boden aus und fiel so unglücklich auf die Brille, dass das Gestell verbogen wurde, ein Bügel abbrach und die Gläser herausfielen.

2

a) Sie wurde vorschriftsmäßig überprüft.
b) Es liegt kein Fremdverschulden vor.
c) Unfallursache war der matschige Weg.
d) Sicherheitshalber marschierten die Lehrer getrennt.

3

Wegen des erhöhten Tempos geriet mein Fahrzeug ins Schleudern und prallte am Kühler gegen die Straßenlaterne.

1.4 Einen Zeitungsbericht verfassen

1

Überschrift: b)
Untertitel: d)
Einleitung: f)
Hauptteil: a), c), e)
Schluss: g)
Weitere Hinweise: h)

2

a) Die Überschrift weckt das Interesse; im Untertitel wird eine sachliche Information geliefert.
b) In der Einleitung werden folgende W-Fragen beantwortet: Wer macht was, wann, wohin, mit wem und warum?
c) Wie war der Ablauf der Klassenfahrt; welche Unternehmungen fanden statt?
d) Stärkung der Klassengemeinschaft und der Selbstsicherheit jedes einzelnen Schülers.

3

a) Das lag vor allem an dem vielfältigen Programm, das die Lehrkräfte zuvor **aufgestellt hatten**; … die es noch nie zuvor **erlebt hatten** …; nachdem die Klasse ein Sicherheitstraining **absolviert hatte** …; Da alle Abenteuer und Herausforderungen gut **gemeistert worden waren**, …

b) Es handelt sich um Vorgänge, die allgemeingültig sind.

4

a) Der Angeklagte wies die Beschuldigung zurück.
b) Stefan Müller beschuldigte den Angeklagten.
c) Der Richter mahnte die Angeklagten, die Wahrheit zu sagen.
d) Der Zeuge bekräftigte seine vorherige Aussage.
e) Der Verteidiger bat, die schwierige häusliche Situation zu beachten.
f) Der Staatsanwalt wies auf die mehrfache Vorbestrafung der Angeklagten hin.

Test

Überschrift	Verheerende Überschwemmung in Beingries
Untertitel	Plichach trat meterweit über die Ufer
Einleitung	Das Unwetter in der Nacht zum Dienstag verursachte erhebliche Schäden in dem Bergort Beingries.
Hauptteil	Da die Plichach etwa 20 Meter über die Ufer trat, wurde die örtliche Jugendherberge nahezu von der Außenwelt abgeschlossen. Die 24 jugendlichen Gäste verließen das Gebäude barfuß. Da sich gegen Abend die Lage entspannte, konnte die Feuerwehr den Keller auspumpen. Es entstand ein Sachschaden von etwa 3.000 €.
Schluss	Ortsbewohner teilten dieser Zeitung mit, dass eine derartige Überschwemmung zum ersten Mal vorgekommen sei.

1.5 Eine Anfrage formulieren

1

Betreff: (d)
Absender: (a)
Adressat: (b)
Grußformel: (f)
Anrede: (e)
Anlagevermerk: (h)
Unterschrift: (g)
Datum: (c)

2

a) Ich versuche seit geraumer Zeit, eine Auskunft von Ihnen zu erhalten.
b) Bis jetzt konnte mich keiner Ihrer Mitarbeiter zufriedenstellend informieren.
c) Ich hoffe auf baldige Überweisung der Summe.
d) Falls wir uns nicht einigen können, werde ich mir rechtliche Mittel vorbehalten.

Test

1

Sehr geehrte Damen und Herren,
die Klasse 8f der Goetheschule würde gerne eine Besichtigung Ihres Unternehmens durchführen und mehr über die Herstellung einer Tageszeitung erfahren. Wir sind 27 Schüler und werden von unserer Klassenlehrerin Frau Stoll begleitet. Gerne würden wir Ihnen die folgenden Termine vorschlagen: Freitag, 3. Dezember oder Freitag, 10. Dezember.
Unser besonderer Wunsch ist, die Redaktionsräume zu besichtigen. Auch würden wir gerne wissen, ob unsere Parallelklasse 8b (23 Schüler) gleichzeitig an dieser Besichtigung teilnehmen könnte.
Wir freuen uns, bald von Ihnen zu hören.
Mit freundlichen Grüßen

2

a) Ich sandte Ihnen einen Antrag zu; ich ließ Ihnen einen Antrag zukommen.
b) Wie mir mitgeteilt wurde …; Aufgrund der Informationen, die mir gegeben wurden …
c) Bitte, teilen Sie mir mit …; Bitte, informieren Sie mich über …
d) Wann werde ich von Ihnen hören? Ich freue mich auf Ihre Antwort.

1.7 Ein Protokoll verfassen

1

a) im Protokollkopf
b) in der Tagesordnung
c) Punkt 2 der Tagesordnung

2

Protokoll
über die Informationsbesprechung zur Klassenfahrt der 8b
am Montag, den 9. September 2006
im Lehrerzimmer des Schillergymnasiums
Beginn 16.15 Uhr Ende 17.00 Uhr

Anwesende
Herr Meister
Frau Stubner
Frau Kluge
Herr Stiefel

3

a) Sie sind durcheinandergeraten und enthalten zu viel Meinung.
b) genaue Namen der Anwesenden; Tagesordnung

4

a) Frau Steeg wird am kommenden Vormittag Kai Schmellers Mutter wegen der Verspätungen benachrichtigen.
b) Der Angeklagte wird dem Unfallopfer eine freiwillige Zahlung von 1000 € zukommen lassen.
c) Peter Pfeifer erhält mit fünf Ja-Stimmen und drei Nein-Stimmen eine Probezeitverlängerung.
d) Alle Betreuer werden im kommenden Jahr an einem Erste-Hilfe-Kurs teilnehmen.
e) Laut Aussage des Verteidigers wird der Beklagte Berufung einlegen.

Test

Protokoll
über **die Besprechung der Gruppe Nausikaa**
am **14. November 2006**
im **Versammlungsraum des Pfadfinderheims**
Beginn **20.15 Uhr** Ende **22.20 Uhr**

Anwesende: alle Mitglieder der Gruppe Nausikaa;
Torsten Klein fehlt unentschuldigt

Tagesordnung
Vorbereitung der diesjährigen Weihnachtsfeier

Ergebnisse
1. **Lulu kümmert sich um Speisen und Getränke.**
2. **Christian, Mekki, Anna, Sofia und Clemens studieren ein Theaterstück ein.**
3. **Tilmann und Markus bereiten den Basar vor.**
4. **Am kommenden Montag werden Einzelheiten geplant.**

Tanja Seibold	Stella Markert
(Protokollführerin)	(Gruppenleiterin)

2 Beschreiben

2.1 Start

1

Wunderbar

2

a) 1. h); 2. a); 3. e); 4. d)

b) 1. … trägt eine ziemlich hässliche Brille.
2. … die den Gesamteindruck stört.
3. Der Besitzer sollte froh sein, dass er es verloren hat, denn es ist schon ziemlich verbeult.
4. Also, wenn du zu dem Open-Air-Konzert willst, musst du dich schon beeilen, denn der Weg ist ziemlich lang.

2.2 Einen Gegenstand beschreiben

2

Der Schreibtisch oben rechts

3

a) (1) allgemeine Angaben; (2) linker Bereich; (3) rechter Bereich; (4) Sitzplatz; (5) Tischplatte; (6) Besonderheiten

b) Weil man zunächst einen Gesamteindruck erhalten muss

c) Der Schreibtisch, den ich mir wünsche, ist ein **Computertisch** aus hellbraunem Buchenholz. Die Tischplatte, die die übliche Größe von 150 x 75 cm hat, ruht auf einem Unterbau, der aus drei unterschiedlichen Bereichen besteht.
Der Seitenbereich links neben dem Sitzplatz ist etwa 60 cm breit und wird von zwei vertikalen **Stützwänden für die Tischplatte** begrenzt. Dort befindet sich direkt unter der Tischplatte eine Schublade. Darunter öffnet sich ein etwa 50 cm hoher Hohlraum mit einer **herausziehbaren Bodenplatte. Diese ist für einen Drucker gedacht, der auf diese Weise leicht zu bedienen ist. Unter dieser Vorrichtung gibt es noch ein etwa 15 cm hohes, offenes Fach für das Druckerpapier.**

Der Bereich rechts neben dem Sitzplatz, der von diesem wiederum durch eine **Stützwand** abgegrenzt ist, ist nur etwa 30 cm breit und besteht aus einer **Platte, die in gleicher Höhe wie die Bodenplatte des Druckers angebracht ist. Sie hat die Aufgabe, das Gehäuse eines Computertowers zu tragen, den man so unter die Tischplatte schieben kann.** An der rechten Seite ist dieser Bereich offen.
Beim Sitzplatz befindet sich direkt unter der Schreibfläche wiederum eine **herausziehbare Holzplatte für die Tastatur und die Maus.** Diese beiden Geräte können einem so also nicht im Weg sein, wenn man den Computer nicht braucht.
Im hinteren Bereich des Sitzplatzes ist in etwa 50 cm Höhe vom Fußboden aus gemessen noch ein **Regalboden angebracht, in dem Bücher ihren Platz finden können.**
Die Tischplatte selbst wird in ihrem hinteren Bereich rechts und links jeweils von **zwei kleinen Aufbauten** begrenzt. Diese sind etwa 15 cm hoch und tief und 30 cm lang. **Da sie in der Mitte unterteilt sind, bieten sie Platz für CDs oder andere Kleinigkeiten. Auf ihrer Oberfläche ist jeweils Platz für einen der beiden Lautsprecher.**
Zwischen diese Aufbauten kann der Bildschirm gestellt werden, damit er sicher steht, gibt es für diesen Zweck eine quadratische Bodenplatte, die etwa 30 x 40 cm groß ist und die man gesondert bestellen kann.
Auffällig an diesem Schreibtisch ist, dass die drei **Stützwände** abgeschrägt sind und unten eine größere Tiefe aufweisen als oben, sodass die Schreibplatte etwas hervorragt.

4

a), b) und c)

Farbe	Form	Material
hellbraun türkis metallisch ockergelb anthrazit	rechteckig kastenförmig quadratisch abgeschrägt oval dreieckig abgerundet eckig würfelförmig quaderförmig	Buchenholz Glas Metall Papier Plastik gemauert versteinert Stoff

5

a) F; b) O; c) O; d) F; e) F; f) O; g) F; h) F; i) O; j) F; k) O; l) F; m) O; n) O

Test

An einer doppelten Kette aus kleinen silbernen Gliedern befindet sich ein Anhänger, der aus einem unregelmäßig geformten, herzförmigen Rahmen besteht. An der Innenseite dieses Silberrahmens ist rechts unten in einer Fassung ein kleiner Diamant angebracht. Der gesamte Anhänger ist etwa 2 x 2 Zentimeter groß.

2.3 Eine Anzeige verfassen

1

b);
bei a) werden keine Informationen gegeben;
bei c) wird zu viel Platz verbraucht.

2

Wertvolles Andenken verloren
Am 3. Juli verlor ich ein **silbernes Kettchen** mit
herzförmigem Anhänger im Schwimmbadbereich.
Ich bitte den ehrlichen Finder, es an der Kasse
abzugeben oder mir zuzuschicken
Melanie Meister, 12345 Karlsdorf, Schneiderstr. 12, 08 89 71 / 12 34

Test

1

Neuwertiger Computer-Schreibtisch (hellbraune Buche) günstig zu verkaufen
L 150 x B 75 x H 73; Unterbau mit vielen Fächern und Ablagen. Tel. 12 34 / 56 78

2

a) purpur**rot**
b) smaragd**grün**
c) ocker**gelb**
d) wein**rot**
e) himmel**blau**
f) zitronen**gelb**
g) schnee**weiß**
h) tauben**blau** / tauben**grau**

2.5 Aussehen und Charakter einer Person beschreiben

1

b)

2

Körperbau	athletisch, füllig, korpulent, mager, schlank, zierlich, stämmig
Frisur und Haare	gestylt, Halbglatze, kahl rasiert, langhaarig, lockig, schulterlang, strähnig
Gesichtsform und -farbe	blass, fahl, gesund, gerötet, kantig, kränklich, oval, pausbäckig, rundlich, spitz
Augenform und Augenbrauen	buschig, gebogen, geradlinig, hervorstehend, mandelförmig
Körperhaltung	aufrecht, eingesunken, gebückt, schief

3

Bild a) athletisch, schulterlange Haare, gesund, pausbäckig, mandelförmig, aufrecht

Bild c) schlank, locker frisierte Kurzhaarfrisur, braune Haare, oval, mandelförmig

4

Das kann nur Beate sein. Ich habe sie seit einiger Zeit aus den Augen verloren und muss mich unbedingt bei ihr melden, denn es tut mir leid, dass ich sie so lange nicht gesehen habe.

Beate ist nämlich ein **äußerst interessanter** Mensch und hat kein leichtes Schicksal. Seit Jahren kümmert sie sich um ihre Mutter, die schwer erkrankt ist. Obwohl die alte Dame einen Platz in einem Pflegeheim hat, weigert sich Beate, ihre Mutter in fremde Hände zu geben. Es ist bewundernswert, wie **geduldig** und **mitfühlend** sie mit ihr umgeht. Dabei muss Beate in ihrem Beruf oft **entschieden** und **hartnäckig** sein. Sie ist Personalchefin in meiner ehemaligen Firma und muss sich dort auch in schwierigen Situationen durchsetzen. Manchmal fand ich ihre Entscheidungen etwas hart, aber später musste ich einsehen, dass sie richtig waren.

Bevor sie ihre Mutter bei sich aufgenommen hat, ist Beate viel gereist. Ich glaube, sie hat schon die halbe Welt gesehen und sie spricht auch viele Sprachen. „Reisen ist mein einziges Hobby", sagt sie immer.
Aber dabei vergisst sie zu erwähnen, dass sie eine **talentierte** Fotografin ist. Eigentlich bin ich kein Freund von Diaabenden, aber Beates Reisefotos zu betrachten ist ein reiner Genuss. Vermutlich bedauert sie manchmal, dass sie nie geheiratet hat und keine Kinder hat. Aber sie ist ein Mensch, der das Beste aus jeder Lebenssituation zu machen versteht. Sie ist sehr **gesellig** und liebt komische Filme, weil sie so gerne lacht.
…

5

a) durchsetzungsfähig
b) weltgewandt
c) mehrsprachig
d) kinderlos
e) geduldig und aufmerksam
f) klug, weise
g) humorvoll
h) wählerisch

6

a) Pflege der Mutter
b) im Beruf harte Entscheidungen treffen
c) interessante Diashows
d) macht gerne Witze

7

Kopfbedeckung: hellblaues Kopftuch, am Hinterkopf zusammengebunden
Oberbekleidung: hellblaues T-Shirt mit dunkelblauem Aufdruck
Hosen: weiße, weite Sommerhosen, unter dem Knie zusammengerafft
Schuhe: helle Sportschuhe mit einem roten Streifen
Auffälliger Gegenstand: Kette mit Anhänger

8

Stefan scheint ein freundlicher Mensch zu sein, der sich nicht scheut, auch mit ungewöhnlicher Kopfbedeckung aufzutreten. Das hat vielleicht auch mit seinem Musikgeschmack zu tun: Vermutlich ist er ein Hip-Hop-Anhänger.

Test

1, 2 und 3

Im Gegensatz zu dem kleineren und etwas untersetzten Stefan ist Mark hoch gewachsen und sehr schlank. Sie könnten gute Bekannte oder Freunde sein, denn sie schauen sich lachend an und scheinen sich gerade per Handschlag begrüßt zu haben.

Mark ist zwischen 16 und 20 Jahre alt und hat eine hoch gewachsene, schlanke Figur. Sein schmales Gesicht hat kantige Züge mit einer wohl geformten, einprägsamen Nase; die Haare sind kurz geschnitten und mittelblond.
Er trägt ein rotes T-Shirt mit einer kreisförmigen rot-weißen Abbildung auf der Brust. Unter diesem Shirt ist ein weißes, mit längeren Ärmeln zu erkennen. Seine Hose ist olivgrün und hat auf beiden Seiten auf Kniehöhe eine aufgesetzte Tasche. An den Füßen trägt er helle Sportschuhe. An seinem linken Ohr ist ein kreisförmiger Ohrschmuck zu erkennen; um seinen Hals trägt Mark eine kurze Kette mit verschiedenfarbigen Perlen.

2.7 Ein Bild beschreiben

1

c)

2

a) Man erfährt nicht, was auf dem Bild abgebildet ist; dafür zu viel darüber, wie der Betrachter es empfindet.

b) Die Angaben beziehen sich auf allgemeine Informationen zu Größe und Art des Bildes und weniger zu der Abbildung selbst.

c) Das Bild von **M.C. Escher** ist ein **Schwarz-Weiß-Druck** und hat ein **rechteckiges Format**. Der Betrachter schaut von oben auf ein ebenfalls **rechteckiges** Blatt Zeichenpapier, das **diagonal auf einer Unterlage** liegt. Auf der **linken Seite des Blattes** erkennt man die Umrisslinien eines gezeichneten Hemdaufschlags, aus dem eine Hand ragt. Ab dem Handgelenk verwandelt sich die gezeichnete Hand in eine wirkliche Hand, die einen Stift hält und über das **Zeichenblatt herausragt**. Mit dem Stift zeichnet diese Hand **rechts oben** den Hemdaufschlag zu einer weiteren Hand, die wiederum ab dem Handgelenk zu einer dreidimensionalen Hand wird, die **über das Blatt hinausragt**, einen Stift hält und mit diesem den Hemdaufschlag zu der ersten Hand zeichnet.
Das Bild verwirrt den Betrachter, weil darin etwas Unmögliches dargestellt wird.

3

a) falsch; b) falsch; c) richtig; d) falsch; e) richtig; f) falsch; g) richtig; h) richtig; i) richtig

4

b), e), h), i), j), m), n), p), r)

Test

2

Auf dem rechteckigen Schwarz-Weiß-Foto erkennt man den Eingangsbereich eines alten Bauernhauses, das aus Stein gemauert ist. Eine halb geöffnete Holztür, deren oberer Bereich von dem Fotografen nicht aufgenommen wurde, öffnet sich zu einem Innenraum, der so verdunkelt ist, dass man Einzelheiten nicht erkennen kann. Rechts und links ist dieser Eingang von etwa kniehohen, verwitterten Vorsprüngen eingerahmt, neben denen sich jeweils an der Mauerwand alte Weinreben emporranken. An der rechten Seite sieht man nicht nur, wie die Reben vielfach an der Mauerwand verwurzelt sind, sondern man erkennt auch eine alte Stalllaterne, die etwa in Schulterhöhe an der Mauer hängt. Da die Tür nicht ganz in der Bildmitte ist, sieht man von der rechten Hauswand etwa doppelt so viel wie von der linken.
Das Hauptmotiv dieser Fotografie ist jedoch ein alter Reisigbesen mit einem umwickelten Schaft. Er lehnt diagonal an der linken Seite der Türöffnung und versperrt gewissermaßen den Eingang, sodass das wahrscheinlich schon oft benutzte Reisig in der unteren Bildmitte platziert ist.
Die von der Sonne beschienene Hauswand, die alten Rebstöcke sowie die Werkzeuge bäuerlicher Arbeit vermitteln einen Eindruck von Ruhe und Beständigkeit.

2.9 Eine Vorgangsbeschreibung verfassen

1

Wenn du eine **SMS** schreiben willst, musst du natürlich zunächst einmal dein **Handy** einschalten und **den Zugangscode eingeben**. Dann drückst du auf die Taste **Menu**. Hier wird dir angeboten, was du alles mit dem Handy machen kannst. Du drückst so lange auf die **Menutaste**, bis auf dem **Display** „Nachrichten verfassen" erscheint. Dies bestätigst du mit OK. Damit ist das **Nummernfeld** auf dem Handy so umgestellt, dass du einen Text **eingeben** kannst.

Du siehst, dass auf den **Nummerntasten** 2 bis 9 jeweils mindestens drei Buchstaben aufgeführt sind und zwar in alphabetischer Reihenfolge.
Wenn du nur einmal auf eine **Nummerntaste** drückst, erscheint der erste der aufgeführten Buchstaben auf dem **Display**, wenn du zweimal drückst der zweite. Beim dreimaligen oder viermaligen Drücken der jeweils letzte. So kannst du also einzelne Wörter formulieren. Für die Wortzwischenräume benutzt du die Taste 1. Wenn du bei deinem Handy diese Taste zweimal drückst, kannst du einen Satz mit einem Punkt beenden.
Da **SMS Short Message Service** bedeutet, kannst du natürlich nicht ganze Romane versenden. Wenn deine Nachricht also fertig ist, drückst du auf OK. Im **Display** erscheint die Frage „Nachricht versenden“ und dies bestätigst du wiederum mit der **OK-Taste**. Nun wirst du aufgefordert, die Telefonnummer des Empfängers einzugeben. Wenn du das erledigt hast, wird deine **SMS** in Sekundenschnelle beim Empfänger gelandet sein.

2

Zeitverhältnisse	Bedingungen / Art und Weise	Ursache und Wirkung
zunächst, dann, so lange, bis, nun, in Sekundenschnelle	wenn, also, wiederum, so, einmal, zweimal, dreimal, viermal	damit, dass, da

3

Dadurch wird der Zusammenhang deutlich, der das Verständnis verstärkt.

4

Eine SMS schreiben

1. Handy einschalten
2. Menu aufrufen
3. So lange Menutaste klicken, bis „Nachrichten verfassen“ im Display erscheint
4. Buchstaben durch ein- oder mehrmaligen Tastendruck aufrufen und jeweils durch OK bestätigen
5. Leerstellen zwischen Wörtern mithilfe der Nummerntaste 1 setzen
6. Wenn die Nachricht beendet ist, auf OK drücken
7. Die im Display erscheinende Meldung „Nachricht versenden“ mit OK bestätigen
8. Telefonnummer des Empfängers eingeben und mit OK versenden

5

a) **Zunächst** vermischst du einen halben Liter Milch mit einem rohen Ei und **verquirlst** diese Masse zu einer **sämigen** Flüssigkeit. Du schüttest sie **dann/nun** in einen Suppenteller und weichst die Toastbrotscheiben **so lange** ein, bis sie gut durchgezogen sind und die Mischung aufgenommen haben.
In der Zwischenzeit hast du Margarine oder Butter in einer flachen Pfanne erhitzt. Du legst **nun/dann** die Brotscheiben in das **brutzelnde** Fett und brätst sie **beidseitig** goldbraun an.
Anschließend servierst du sie auf einem großen flachen Teller und streust **zum Schluss** noch etwas Zimt darüber.

b) Zunächst vermischst du einen halben Liter Milch mit einem rohen Ei und verquirlst diese Masse zu einer sämigen Flüssigkeit. Du schüttest sie dann/nun in einen Suppenteller und weichst die Toastbrotscheiben so lange ein, bis sie gut durchgezogen sind und die Mischung aufgenommen haben.
In der Zwischenzeit hast du Margarine oder Butter in einer flachen Pfanne erhitzt. Du legst nun/dann die Brotscheiben in das brutzelnde Fett und brätst sie beidseitig goldbraun an.
Anschließend servierst du sie auf einem großen flachen Teller und streust zum Schluss noch etwas Zimt darüber.

6

a) ein Steak auf dem Rost **grillen**
b) einen Tee **aufbrühen**
c) Wasser **sieden lassen**,
d) den Teig **kneten**
e) das Gemüse **dünsten**
f) eine Soße **köcheln lassen**
g) ein Kotelett in der Pfanne **wenden**

7

c), b), e), a), d), f), h), g)

8

Wenn du am Bahnhof angekommen bist, wendest du dich nach **rechts** und gehst die Elisabethstraße entlang. An der **zweiten** Ampel **überquerst** du diese Straße und läufst noch etwa 100 Meter weiter. Dann kommst du an eine **Kreuzung**. Du nimmst die Straße **halblinks** und gehst so lange **geradeaus**, bis du an eine Brücke kommst. Diese überquerst du. **An ihrem Ende** beginnt der Stadtpark. In dessen **Mitte** befindet sich ein Rondell, wo das Konzert stattfindet.

9

Eine Internet-Suchmaschine **bedienen**

1. Computer **einschalten**
2. Internetverbindung **anklicken**
3. Die Website einer Suchmaschine **aufrufen**
4. In das obenstehende leere Feld den Suchbegriff **eingeben**
5. Die Liste der Link-Angebote **abwarten**
6. Auf den gewünschten Link mit der linken Maustaste **klicken**
7. Die Bildschirmseite so lange **scrollen**, bis eine passende Information gefunden wurde.

10

Es können vier **Spieler** gegeneinander spielen. Ziel des Spiel ist es, als erster alle eigenen vier **Spielfiguren** in das Zielfeld **gebracht** zu haben.
Zunächst **stellt** jeder Spieler seine vier Spielfiguren in sein Startfeld. Wer die höchste Zahl **gewürfelt** hat, kann beginnen. **Erst** wenn man eine Sechs gewürfelt hat, kann man jeweils eine Spielfigur auf das Spielfeld schicken und die Spielfigur um so viele **Felder** weit ziehen, wie es die gewürfelte Zahl angibt. Es wird **reihum** gewürfelt und die Figuren werden vorgerückt. Wenn allerdings eine Spielfigur auf ein Spielfeld **gerät**, auf dem bereits die Figur eines Mitspielers steht, muss diese zurück ins Startfeld. Da dies auch kurz vor dem **Ziel** geschehen kann, gilt der Spruch „Mensch ärgere dich nicht!" Die Spielfiguren können sich erst dann in das sichere Zielfeld retten, wenn genau die **passende** Zahl gewürfelt wurde.

Test

Zunächst steckst du deine Geldkarte in den dafür vorgesehenen Schlitz im Bankautomaten. Auf dem Display erscheint eine Begrüßung und die Aufforderung, deine Geheimnummer einzugeben. Wenn du dies getan hast, wirst du gefragt werden, ob du Geld abheben möchtest oder deinen Kontostand erfahren willst. Du drückst auf die entsprechende Taste oder berührst an der erforderlichen Stelle den Bildschirm. Nun wirst du gefragt, welche Summe du abheben möchtest. Deine Entscheidung übermittelst du dem Automaten durch Tastendruck oder Bildschirmberührung. Nun wird deine Geldkarte wieder frei und wenig später das Geld ausbezahlt.

3 Argumentieren

3.1 Start

1
In Ordnung

2
b), e), f)

3.2 Eine Argumentation formulieren

1
c)

2 und 3
These: Ein Aktionstag als Weihnachtsfeier hat viele Vorteile

1. Begründung:	keine halbherzige Beschäftigung der Schüler	(b)
2. Begründung:	Anregung zur Selbstständigkeit und Kreativität	(a)
3. Begründung:	finanzielle Erlöse als Spendengelder	(d)
4. Begründung:	Stärkung der Gemeinschaft	(c)

4
(Unterstreichungen: These = rot, Begründung = blau, Beispiele = grün)

Mit Sorge betrachte ich seit längerer Zeit die Freizeitgestaltung der heutigen Jugend, die ich am Beispiel meiner eigenen Enkelkinder und deren Freunde recht gut verfolgen kann. Während ich in meiner Jugendzeit ein recht ausgewogenes Verhältnis zwischen Schul- und Berufsbildung, sportlicher Tätigkeit, Engagement in Vereinen und Verbänden erlebte, scheint die heutige Jugend ganz und gar von der Musik verdorben zu werden.

Schon allein das, was die Kids als Musik bezeichnen, ist eine einzige Geschmacksverirrung. Musik hat doch etwas mit Melodie oder Harmonie zu tun. Wenn ich meine Enkel besuche, höre ich aber nur verzerrtes, lautstarkes Geplapper und Gekreisch aus den Kinderzimmern dringen.

Hinzu kommt, dass die jeweiligen Musiker alles andere als Vorbildfiguren für Jugendliche sind. Es handelt sich schließlich nicht nur um exotisch gestylte Gesellen

und Gesellinnen, sondern häufig auch um perverse Figuren, die sich voneinander nur in Bezug auf die Scheußlichkeit ihres Make-ups unterscheiden. Als Beispiel für meine Sorge möchte ich nur erwähnen, dass viele dieser populären Personen offen mit dem Gebrauch von Drogen prahlen.
Wenn ich dann noch höre, dass auf den Pop-Konzerten Jugendliche in völlig überfüllten Sälen zusammengepfercht werden und dort mit Wunderkerzen und Feuerzeugflammen ihre Sympathie für die dargebotene Musik demonstrieren, wird mir angst und bange. Immerhin haben wir in letzter Zeit häufig erlebt, wie Hysterie und auch Begeisterung eng gedrängter Massen gefährlich ausufern kann. Kürzlich hörte ich, dass es bei manchen Tänzen darauf ankommt, die Tanzpartner so anzurempeln, dass sie von alleine aus dem Kreis ausscheiden. Hoffentlich eine dumme Ausnahme.

5

Zu Beginn: Bezugnahme auf den Artikel mit Angabe von Überschrift und Erscheinungsdatum; am Ende: vollständige Absenderangabe

Test

So könnte dein Leserbrief aussehen:

Zu Ihrem Artikel „Handyfreies Wochenende" vom 8. März

Die Entscheidung, ein Wochenende lang auf das Handy zu verzichten, empfinde ich nicht als so großartig, denn auch so wird die Abhängigkeit nicht aus der Welt geschafft. Wer den Umgang mit dem Handy nicht auch im täglichen Leben kontrollieren kann, wird auch nach einem einzigen Wochenende nicht zu einer „Heilung" kommen.
Auf der anderen Seite ist es schon begrüßenswert, wenn Jugendliche sich überhaupt auf einen solchen Verzicht einlassen, denn immerhin war es eine freiwillige Entscheidung. Dass so viele Jugendliche ihr Handy für ein paar Tage „abgelegt" haben, ist ein Beispiel dafür, dass sie das Problem erkannt haben.
Sybille Schneider, 97056 Wartburg

3.4 Eine Erörterung schreiben

2

a) Er möchte die Mutter um mehr Respekt in Bezug auf seine Privatsphäre bitten
b) Streit vermeiden
c) Friedliches Ende finden

3

a) Die Mutter soll nicht in seinem Zimmer aufräumen.
Begründung: Er findet nichts wieder.
b) Sie soll ihn nicht stören, wenn seine Freunde zu Besuch sind.
Begründung: Die Jugendlichen missbrauchen Computer und Internet nicht.
c) Sie soll seine Hautunreinheiten übergehen. Begründung: Es ist ihm peinlich.

4

Wenn die Mutter das Zimmer aufräumt, bemerkt das nur Kai. Peinlicher für ihn ist es, wenn die Mutter auch seine Freunde „nervt". Am peinlichsten ist für ihn jedoch die Erwähnung der Hautunreinheiten.

3.4.1 Die Themaerschließung

1

a) Welche **Eigenschaften** sollte ein **guter Freund oder eine gute Freundin** haben?
b) Warum gehen viele **junge Menschen gerne ins Kino?**
c) Über welche **Themen** gibt es im Zusammenleben zwischen **Eltern und heranwachsenden Kindern Auseinandersetzungen?**

2

a) Welche Vorteile hat ein eigenes Handy?
b) Warum können Klassenfahrten für Schüler sehr wertvoll sein?
c) Was hält junge Menschen vom Lesen ab?

3.4.2 Die Stoffsammlung

1

- man kann wegen der intensiven Eindrücke für eine Zeit die Welt vergessen
- gute Filme bleiben länger in Erinnerung, als wenn man sie im Fernsehen betrachten würde
- ein Kinobesuch mit Freunden verstärkt das Gemeinschaftsgefühl
- viele Filme bieten einen interessanten Gesprächsstoff

2

- Gute Freunde können einander kritisieren, unterstützen
- Sie können schweigen, Geheimnisse bewahren

3.4.3 Die Stoffordnung und Gliederung

1

1. viele Filme bieten einen interessanten Gesprächsstoff
2. man kann wegen der intensiven Eindrücke für eine Zeit die Welt vergessen
3. gute Filme bleiben länger in Erinnerung, als wenn man sie im Fernsehen betrachten würde
4. ein Kinobesuch mit Freunden verstärkt das Gemeinschaftsgefühl

2

2. Sie können faire Kritik üben.
3. Sie können gut zuhören.
4. Sie können im entscheidenden Augenblick schweigen.
5. Sie lassen einen in der Not nicht im Stich.

3

A (Einleitung):	c)
B (Hauptteil):	g); 1. a); 2. b); 3. f); 4. h); 5. d)
C (Schluss):	e)

4

Aufg. 2: Gliederungspunkte wurden in ganzen Sätzen formuliert.
Aufg. 3: Gliederungspunkte des Hauptteils wurden eher stichwortartig formuliert.

3.4.4 Die Einleitung

1

b)

2

a) in a) und b): ein aktuelles Ereignis erwähnen
b) Er bildet eine Überleitung zum Hauptteil.
c) Beispiel a) ist zu kurz; Beispiel c) führt nicht zum Thema hin.

3

Neulich habe ich ein Sprichwort gehört: „Gute Freunde erkennt man in der Not." Es soll bedeuten, dass so mancher Kumpel oder Bekannter in dem Augenblick „abspringt", wenn man ihn oder sie wirklich braucht. Oft erkennt man erst dann, dass dieser Mensch eigentlich kein Freund war. Aber welche Eigenschaften kennzeichnen eigentlich gute Freunde?

3.4.5 Der Hauptteil

1

a) Einleitung baut auf einem Sprichwort auf.

b) (These = rot; Begründung = blau; Beispiel = grün)

Zunächst gehört wohl dazu, dass man gleiche oder ähnliche Interessen teilt, denn nur so hat man Gesprächsstoff und eine schöne Zeit zusammen. Eine gute Freundin von mir ist mit mir im Mädchen-Fußballverein. Auch wenn wir manchmal gegeneinander spielen, gefährdet das unsere Freundschaft nicht. Und besonders schön ist, wenn wir am Wochenende gegen andere Mannschaften antreten und Sieg oder Niederlage gemeinsam erleben.

Zu einer guten Freundschaft gehört auch, dass man einander kritisieren kann, dies zeigt nämlich, dass man wirkliches Interesse an dem anderen empfindet. Auch wenn ich mich ärgere, wenn mich meine Freundin wegen meiner ständigen Unpünktlichkeit kritisiert, so muss ich ihr dennoch Recht geben. Und im Grunde will sie nur mein Bestes.

Gute Freunde können aber nicht nur reden, sondern auch zuhören, denn sie wissen, dass viele Sorgen und Probleme sich verringern, wenn man sie jemandem mitteilen kann. In solchen Situationen ist mein älterer Bruder für mich ein guter Freund, der sich einfach meinen Ärger und meinen Kummer anhört, bis ich mich besser fühle.

Nicht immer kann ein guter Freund einem einen Rat geben, aber es ist ganz wichtig, dass ein solcher Mensch schweigen kann, denn nur so kann man ihm vertrauen. Neulich hat einer meiner Kumpel mir ein Geheimnis erzählt, was ihm sein sogenannter bester Freund anvertraut hat. Ich hätte es lieber nicht gehört, denn so kann eine Freundschaft zerstört werden.

Das wichtigste Merkmal von guten Freunden ist, dass sie einen nicht allein lassen, wenn man sie braucht. Denn jeder Mensch kann in eine Notlage kommen, wo man auf einen anderen Menschen angewiesen ist.

Als meine beste Freundin letzte Woche in Panik geriet, weil sie auch zwei Tage vor der Mathearbeit den Stoff nicht verstanden hatte, haben wir uns zusammengesetzt und die Aufgaben gemeinsam gelöst. Ich werde nie vergessen, wie dankbar sie mir war, als sie eine Drei geschrieben hatte.

2

a) Gute Freunde geben Anregungen; man kann mit ihnen lachen; man kann mit ihnen seinen Kummer teilen

3.4.6 Der Schluss

1

a)

2

Diese Gedanken haben gezeigt, dass Klassenfahrten ein wichtiger Bestandteil des schulischen Lebens sind. Ich hoffe, dass wir auch in Zukunft weiterhin Klassenfahrten unternehmen werden.

3.5 Ausdrucksfehler, die man vermeiden kann

1

a) Ich bringe mein Fahrrad in die Werkstatt, damit es repariert wird.
b) Viele Eltern kaufen ihren Kindern Computer, damit sie damit lernen.
c) Manche Lehrer verlangen von den Schülern viel, damit sie bessere Noten schreiben.

2

a) Wegen der Streitigkeiten der Hausbewohner kam die Polizei.
b) Trotz der Entscheidung der Lehrer, die in der Klasse unterrichten, veränderte sich nichts.
c) Die Versammlung der Unterstufenschüler findet erst morgen statt.

3

a) Man sollte die Jugend vom Rauchen abhalten.

b) Wir wurden davor gewarnt, vom Weg abzukommen.

Test

1

schulische Leistungen, Freizeitgestaltung, Freundeskreis, Musikgeschmack, Ordnung im Zimmer, häusliche Pflichten

2

A Schon im Alter von 12 Jahren erhalten Jugendliche von Geldinstituten Angebote für ein Taschengeldkonto

B Welche Vorteile hat ein Taschengeldkonto?

1. Man muss um sein Taschengeld nicht mehr bitten.
2. Man bekommt sein Geld pünktlich.
3. Man lernt, mit dem Geld umzugehen.
4. Man sammelt Erfahrungen als künftiger Bankkunde.
5. Man fühlt sich selbstständiger.

C Da man ein Taschengeldkonto nicht überziehen kann, ist es für Eltern und Kinder von Vorteil.

3

1. e); 2. a); 3. b); 4. c); 5 d)

3.7 Einen Antrag formulieren

1

c)

2

Torsten hat in den vergangenen zehn Monaten krankheitsbedingt 14 Unterrichtswochen versäumt und daher sehr schlechte Noten. Es ist abzusehen, dass er bis zum Schuljahresende seinen Leistungsabfall nicht ausgleichen kann. Eine Rückversetzung in die 7. Klasse würde es ihm ermöglichen, seine fehlenden Kenntnisse wieder aufzubauen.

3

a) einem Antrag **stattgeben**
b) einer Bitte **nachkommen**
c) einen Wunsch **erfüllen**
d) einer Aufforderung **entsprechen**

Test

Sehr geehrte Mitglieder der Schulleitung,
Hiermit beantragen wir, dass unsere Tochter Sabrina den Nachmittagsunterricht zehn Minuten früher verlassen darf.
Seitdem beinahe täglich Nachmittagsunterricht stattfindet, kann unsere Tochter wegen der ungünstigen Verkehrsverbindung erst gegen 18.00 zu Hause sein. Das führt zu einer übermäßigen Belastung unseres Kindes, wenn anschließend noch Hausaufgaben zu erledigen sind. Ein früherer Unterrichtsschluss würde es ihr ermöglichen, bereits eine Stunde früher zu Hause zu sein.
Mit freundlichen Grüßen

4 Mit Texten umgehen

4.1 Start

1

Gut gemacht!

2

Literarische Texte: b), e); Sachtexte: a), c), d)

4.2 Intentionen von Sachtexten beachten

1

Darstellend: C); kommentierend: A); appellierend: B)

2

a) Er drückt seine Meinung über das Verhalten der Schüler aus.
b) Sie greifen scheinbar mögliche Ursachen auf und verneinen sie.
c) Weil er andere **verpetzt** hat? Oder der **totale Versager**?
Mit dem Gebrauch der Umgangssprache will er den Schülern unter seinen Lesern näher kommen.
d) **Oder muss ich sagen: für seine schwachen Mitschüler? Nun hat er die Schule verlassen – und ich schäme mich, dass dies bei uns passiert ist. Wer schämt sich mit mir?**

3

a) und c)

A **Du wirst gebraucht!**
I Wer? **Du? Ja, du** – und zwar mit **deiner Erfahrung, deiner Einsatzbereitschaft und mit einem kleinen Bruchteil deiner freien Zeit. Wozu?**
D Um den Schülern unserer vier Anfängerklassen dabei zu helfen, sich in unserer Schule wohlzufühlen. Um ihnen als Tutor bei Fragen und Fragwürdigkeiten, Zweifeln und Verzweiflungen beizustehen.
A **Also, komm und mach mit.** Beim 1. Tutorentreffen in diesem Schuljahr, 2. Oktober, 14.00 Uhr, Mensa

b) Aufforderungen; Fragen und Antworten; unvollendete Sätze
d) Die Schüler sollen sich angesprochen fühlen und mitmachen.

4

a) In einem Nachschlagewerk oder Lexikon
b) Der Verfasser will informieren.
c) Welche Ursachen und Folgen das Mobbing hat

Test

1

In diesem Zeitungsbericht will der Verfasser den Leser informieren.

2

So könnte dein Leserbrief aussehen:

Zur Ihrem Artikel „Schüler Opfer von Gewalt"

Mit Abscheu las ich von den brutalen Übergriffen auf den jugendlichen Fahrgast. Nicht nur dass Schüler sich gegenseitig so gemein behandeln, erfüllt mich mit Entsetzen. Viel fürchterlicher empfinde ich das Verhalten der anderen Fahrgäste. Wie ist es nur möglich, dass keiner der Erwachsenen dem Jungen zu Hilfe gekommen ist? Ist es Gleichgültigkeit oder Feigheit, die diese Tatenlosigkeit verursachen? Beides keine vorbildliche Eigenschaft.

K. Schneider, Stuttgart

3

Dieser Bus soll gewaltfrei bleiben. Helft mit!
Keine Übergriffe auf Fahrgäste! Melden Sie dem Fahrer aggressives Verhalten.

4.3 Ein Schaubild erläutern

1

a) Balkendiagramm
b) Schüler als Opfer und Täter von Gewalt
c) Es handelt sich um zwei unterschiedliche Balkendiagramme, die jeweils Angaben über Opfer und Täter machen. Jedes Diagramm gibt fünf unterschiedliche Merkmale von Gewalt an und nennt Prozentzahlen.
d) Schüler der 7. und 8. Klasse von Haupt- und Realschulen sowie Gymnasien.

2

a), b), d), e), g)

3

In diesem **Balkendiagramm** wird gezeigt, wie sehr Gewalt an deutschen Schulen verbreitet ist.
Der **Personenkreis** der Befragten waren Schüler der 7. und 8. Klasse von drei Schularten. Wir erhalten nicht nur Informationen über Schüler, die Opfer von Gewalt sind, sondern auch über die **Täter**.
Etwa **zwei Drittel** aller Schüler sind schon gehänselt worden, aber beinahe ebenso viele, nämlich 62,3 %, haben dies auch schon selbst getan. **Opfer** von Schlägen und Tritten waren mehr als ein Drittel der Befragten, aber 46,5 % gaben an, auch schon selbst solche **Gewalttätigkeiten** durchgeführt zu haben. Bei beinahe einem Fünftel aller **Befragten** sind schon Sachen zerstört worden; dagegen **gestand** knapp ein Zehntel, absichtlich persönliche **Besitztümer** von anderen kaputtgemacht zu haben. Genauso viele hatten andere schon einmal **bedroht** und **eingesperrt**. Im Vergleich dazu sagten aber 15, 4 %, dass ihnen das schon passiert sei.
Nur bei sehr wenigen Schülern ereigneten sich diese Missetaten mehr als einmal pro Woche. Allerdings kann man sehen, dass vor allem die Hänseleien **an der Tagesordnung** sind.
7,4 % aller Befragten leiden mehrmals in der Woche darunter, 5,2 % sind aktiv mit dabei. Man erkennt also, dass Gewalt zu oft vorkommt.

Test

Durchschnittlich erhalten Kinder zwischen 6 und 13 Jahren 20 € Taschengeld im Monat, hinzu kommen aber noch 60 € zum Geburtstag und 71 € zu Weihnachten. Von diesem Geld sparen 17 % der Jugendlichen gar nichts, aber auch knapp ein Viertel (23 %) alles. Die Mehrheit, nämlich 60 % der Befragten, spart einen Teil.
So kommt es, dass Jugendliche über ein Sparguthaben verfügen. Mädchen haben mit durchschnittlich 636 € etwas mehr zurückgelegt als Jungen (589 €).

4.4 Einen Sachtext entschlüsseln

2

a) Zeilen 4, 6, 9, 15
b) 14 – 15
c) 12 – 13
d) 2
e) 8 – 9, 17 – 19

3

Darstellender Text, er will sachlich informieren.

4

b)

5

a) Verbraucher werden sparsamer
b) Großzügigkeit gegenüber Kindern
c) Taschengelder werden immer höher
d) Kinder und Jugendliche haben eine hohe Kaufkraft

7

b)

8

a) **Eigentlich heißt sie Margerita, aber seitdem sie 13 ist, nennt sie sich Mandy. Das klingt einfach besser, meinten ihre Freunde, und sie meint das auch.** Auf den Namen Margerita hört sie schlecht, besonders schlecht, wenn es um Sätze geht wie: „Margerita, kannst du mal die Spülmaschine ausräumen?"; „Margerita, vergiss deinen Zahnarzttermin nicht!" „Margerita, du hast jetzt zum dritten Mal die Hausaufgaben vergessen. Hier ist eine Mitteilung für deine Eltern." **Als Mandy hat Mandy aber sehr gute Ohren und ihre Freunde finden bei ihr immer Gehör.** Aus Margerita wurde Mandy ungefähr zum gleichen Zeitpunkt, als sie ihr Handy bekam. Das ging nicht ganz ohne Kampf mit den Eltern ab.„Also, was willst du denn mit einem Handy? Du kannst doch zu Hause telefonieren. **Ach so, alle deine Freunde haben ein Handy? Das ist uns aber egal.** Und was meinst du denn, wie teuer so ein Handy ist? Da geht doch dein ganzes Taschengeld drauf!"

Aus diesem Kampf ging Mandy siegreich hervor. Allmählich war nämlich die häusliche Telefonleitung durch ihre Freunde dauerbesetzt. Und außerdem hatte sie ein schlagendes Argument: Mit Handy könnten die Eltern sie überall erreichen und müssten sich keine Sorgen mehr machen, wenn sie sich verspätete. Also lag zu Weihnachten ein blitzblau blinkendes und trällerndes Handy unter dem Weihnachtsbaum. Und eine Rubbelkarte für die Gespräche der nächsten Wochen.

Seitdem gibt es kein Leben ohne Handy mehr für Mandy.
Es beginnt früh, wenn sie sich mit einem plärrenden Singsang wecken lässt. **Auf dem Weg zur Schule werden die ersten SMS verschickt, um den Nachmittag**

klarzumachen. Aber wenn sie dann später wieder zu Hause ist, ist durch neue SMS alles wieder durcheinandergeraten, sodass man unbedingt anrufen muss. Danach fiepst und zirpt es eine Weile neben ihrem Schreibtisch, bis ihre Mutter das Gerät verschwinden lässt, solange die Hausaufgaben nicht erledigt sind. Dann aber kann Mandy ohne Handy nicht sein, denn wie soll sie Benno anrufen, wo doch alle Telefonnummern im Handy eingespeichert sind? Und Benno ist der einzige, der ihr sagen kann, wie die Matheaufgabe zu lösen ist.

Die Rubbelkarte ist schon längst verbraucht, aber weil sie so viel telefonieren muss, hat Mandy keine Zeit, sich Geld für eine neue zu verdienen. Das macht aber nichts, denn es gibt genügend Leute, die sie anrufen und zum ausgedehnten Gespräch gibt es ja immer noch das Telefon zu Hause, dass dann wieder für Stunden besetzt ist.

Neulich hat Mandy ihr Handy bei ihrer Großmutter liegen gelassen. Dort führte es alle 10 Minuten jedes Mal einen kleinen summenden Tanz auf dem Holztisch auf, wenn wieder ein Gespräch hereinkam, fiepte, dudelte und flötete ohne Erbarmen, bis die arme Frau, unkundig, wie so ein Teufelszeug zum Schweigen zu bringen wäre, es verzweifelt unter dem Stuhlkissen verbarg und sich draufsetzte. Danach ist das Handy sehr still geworden. Und stiller ist es jetzt auch zu Hause.

Aber Mandy ist nur noch ein halber Mensch. Denn was ist ein junges Leben wert ohne Handy? Die Großmutter weiß nicht, ob sie Mandys Leiden ertragen werden kann und Mandy hofft, dass sie es nicht kann. Weihnachten steht vor der Tür und mit diesem Fest zahlreiche Angebote preisgünstiger Handys, Angebote, die Mandy immer gerne bei der Großmutter liegen lässt – Fotohandys natürlich. **Denn was ist ein Handy, wenn es nicht Fotos machen kann? Dann kann man den anderen doch zeigen, wo man gerade ist und was man gerade macht. Und wer ist Mandy ohne (Foto-)Handy?**

b) Die Textstellen lassen erkennen, dass Mandy sehr abhängig von ihren Freunden ist. Die Meinung ihrer Freunde bedeutet für sie so viel, dass sie sogar ihren Namen deswegen verändert. Wie viele junge Menschen will Mandy das Gleiche besitzen wie ihre Freunde und setzt mit einem Scheinargument das Handy bei ihren Eltern durch. Dadurch verstärkt sich die Abhängigkeit von den Freunden, denn nun kommt es darauf an, keinen wertvollen Kontakt zu versäumen. Die freie Zeit scheint davon bestimmt zu sein, mit den Freunden in Kontakt zu sein. Deswegen ist es auch so schlimm für Mandy, als ihr Handy kaputtgegangen ist. Der Wunsch nach einem Fotohandy wird wiederum damit begründet, mit den Freunden nun auch per Bild in Verbindung zu treten.

9

Mandy hofft, dass sich die Großmutter schuldig genug fühlt, um ihr ein neues Handy zu kaufen.

10

a) Ironie

b) 1. Möglichkeit: Wenn man jung ist, wird das Leben beeinträchtigt, wenn man kein Handy hat, weil man viel leichter und häufiger mit seinen Freunden in Kontakt treten kann.
2. Möglichkeit: Natürlich kann man auch als junger Mensch ein lebenswertes Leben ohne Handy führen. Das müssen genügend Jugendliche tun, die gar kein Geld für ein solches Gerät haben.

11

2. Absatz: Sie wünscht sich ein Handy, aber ihre Eltern sind zunächst dagegen.
3. Absatz: Sie kann die Eltern mit einem Scheinargument zum Kauf eines Handys bewegen.
4. Absatz: Das Handy ist bei ihr stets in Betrieb.
5. Absatz: Teure Telefongespräche wickelt sie über das Netz ab.

Test

1

a) Schlüsselbegriffe: rot

b) Angaben: blau
Ein großer Teil des Taschengeldes von Jugendlichen wird für das Handy ausgegeben, denn bereits **1,6 Millionen Kinder und Jugendliche** haben ein eigenes Gerät. Und dieser Trend ist nicht zu stoppen, im Gegenteil: Immer neue und schrille Angebote machen das Handy zum **Statussymbol** Nummer 1 bei jungen Menschen.
Zahlreiche Mobilfunkanbieter profitieren davon, denn mit ihren trendigen Werbespots richten sie sich deutlich an das jüngere Publikum. Denn die Jugendlichen sind eine wichtige **Zielgruppe** für die Anbieter. Sie mögen nicht nur die Handys, sondern haben darüber hinaus ein großes Interesse an immer neuen Angeboten wie **Spiele oder Klingeltöne**.
Oft wird befürchtet, dass aufgrund der aufwändigen Werbefeldzüge die Jugendlichen in eine **Schuldenfalle** geraten. Aber die Mobilfunkanbieter behaupten, dass dies vermieden werden kann, **denn Jugendliche unter 18 Jahren können nur Prepaid-Handys erwerben, bei denen die Telefonkosten im Voraus bezahlt werden müssen.**

2

6. Absatz: Mandys Handy wurde von der Großmutter versehentlich zerstört.
7. Absatz: Nun hofft Mandy, dass die Großmutter ihr ein Fotohandy kauft.

3

- Das Kind kann von den Eltern leicht erreicht werden.
- Man kann das Handy als Wecker benutzen.
- Man kann Fotos aufnehmen.

4.6 Eine Inhaltsangabe verfassen

1

c)

2

Man erfährt zu wenig von dem eigentlichen Inhalt; im letzten Satz geht die Zusammenfassung über den Inhalt hinaus.

3

Persönliche Bewertung; falsche Zeitstufe; keine vollständige Zusammenfassung des Inhalts.

4

a) Das **„Tagebuch der Anne Frank"** (Titel, Textsorte) enthält die **Aufzeichnungen** (Textsorte) des **jüdischen Mädchens Anne (Verfasserin, Hauptperson)**, das sich zusammen mit **seiner Familie** (Hauptperson) in einem **Amsterdamer Hinterhaus** (Ort) **vor den Nazis** (Zeit) verstecken musste.

b)

Juni 1942:	Anne lebt ein normales Leben und erhält ein Tagebuch als Geschenk.
Juli 1942:	Die Familie muss sich vor den Nazis verstecken.
Die folgenden zwei Jahre:	Mit anderen Menschen verbringt die Familie eine schwere Zeit in ständiger Angst.
August 1944:	Die Versteckten werden entdeckt.
Nachwort:	Anne stirbt 1945 in einem KZ.

c) Dieses Buch ist ein **erschütterndes Dokument** der Judenverfolgung. Es wurde in nahezu alle Sprachen der Welt übersetzt und millionenfach gedruckt.

6

a) Titel: „Zehn, zwölf Schritte nur"
Textsorte: Kurzgeschichte
Hauptperson: Sarah
Ort und Zeit: eine deutsche Stadt in der Gegenwart

b) Die Kurzgeschichte „Zehn, zwölf Schritte nur" spielt in einer heutigen deutschen Stadt und handelt von dem Mädchen Sarah, das möglicherweise einen Ladendiebstahl begeht.

7

a) Sarah entschloss sich, noch nicht nach Hause zu gehen.

b) Sarah hat einen wenig erfolgreichen Schulvormittag hinter sich, an dem sie sich wieder ihrer Außenseiterstellung in der Klasse bewusst geworden ist. Besonders die Mitschüler Bettina und Joshi, Kinder wohlhabender Familien, tragen ständig zu ihrer Demütigung bei.

c) (1) Sarah geht durch die Fußgängerzone und fühlt sich in ihrer Kleidung unbehaglich.
(2) In einem Bekleidungsgeschäft entdeckt sie ein Oberteil, das ihr gut gefällt.
(3) In der Garderobe entfernt sie das Preisschild und zieht es sich unter ihrem Sweatshirt in der Absicht an, es zu stehlen.
(4) Bevor sie den Ausgang erreicht, trägt ihr ein Mädchen ihr altes T-Shirt nach, das sie in der Garderobe zurückgelassen hat.

8

Sarah lebt in einer nicht sehr wohlhabenden Familie **und** hat Leistungsschwierigkeiten in der Schule. **Außerdem** wird sie in ihrer Klasse nicht anerkannt, **weil** sie im Gegensatz zu anderen Schülern ungünstige und billige Kleidung tragen muss **und** kein Handy besitzt. **Besonders** Bettina und Joshi, Kinder von begüterten Eltern, sind Mitschüler, von denen sie sich abgelehnt fühlt.

9

a) 3, 4, 1, 2

b) Zeitverhältnisse: bevor, nach; Ursachen: da; Gegensätze: obwohl

10

Der Leser weiß nicht, ob es sich Sarah anders überlegt und keinen Ladendiebstahl begeht, indem sie die Kleidungsstücke wieder austauscht und in ihrem eigenen T-Shirt das Geschäft verlässt. Der Titel „ Zehn, zwölf Schritte nur" bezieht sich auf den „Weg", der zwischen Ehrlichkeit und Diebstahl liegt und den Sarah für die Entscheidung zurücklegen muss.

11

a) und b)

A) Der sensationelle Romanerfolg des siebzehnjährigen Autors Nick McDonell – „Literarischer Amoklauf: McDonells Talentprobe ist zweifellos glanzvoll gelungen." (Focus)
White Mike ist Drogendealer und seine Kunden sind High-School-Schüler, die in den Weihnachtsferien gegen die Langeweile kämpfen, während ihre reichen Eltern im Urlaub oder auf Geschäftsreisen sind. Die größte Party aller Zeiten soll an Sylvester stattfinden, und bis dahin hat White Mike noch einiges zu tun.

B) In die abgeschlossene Welt einer Insel vor der englischen Küste kommt Lucas, ein rätselhafter Fremder, der das Leben der 15-jährigen Cait unwiderruflich verändert. Eine Geschichte über Liebe und Hass – und alles was dazwischen liegt.

C) Ein Sommer der Erkenntnis: Eine junge Frau begleitet ihren Vater auf Ferienreise und begibt sich damit unversehens auf eine Reise in die Vergangenheit. Erst im Rückblick offenbart sich ein vielschichtiges Familiendrama, das bis in die Gegenwart reicht. So erfährt die junge Frau, dass man Vergangenes zwar nicht neu zusammensetzen, aber verstehen lernen kann. Wieder einmal widmet sich Alexa Hennig von Lange einem großen Thema mit viel Gespür für den richtigen Ton: dicht, lakonisch und darum umso berührender.

Test

So könnte deine Inhaltsangabe aussehen:

Die Ballade „Belsazar" von Heinrich Heine wurde in der ersten Hälfte des 19. Jahrhunderts geschrieben und handelt von dem letzten Abend im Leben des babylonischen Königs Belsazar, der 539 v. Chr. starb.

Zu Beginn des Textes erfährt der Leser, dass Belsazar mit seinem Gefolge ein Trinkgelage abhält. Der Wein treibt den König zu einer Gotteslästerung, die von den Untergebenen mit Beifall begrüßt wird. Daraufhin steigert Belsazar seine Verachtung für den Gott Jehova und lässt heilige Gerätschaften aus dessen Tempel rauben. Aus einem solchen Kelch trinkt er weiterhin Wein und setzt seine Gotteslästerung fort, indem er Jehova verhöhnt. Kurz nachdem er ahnt, dass er zu weit gegangen ist, erscheint eine Feuerschrift an der Wand. Nun bekommen alle Anwesenden Angst, die herbeigerufenen Weisen können die Schrift nicht entziffern. In derselben Nacht wird Belsazar ermordet.

4.8 Literarische Texte untersuchen und umwandeln

1

a) Sarah fühlt sich in der Klasse nicht wohl und ausgeschlossen. Das liegt überwiegend daran, dass sie aus weniger wohlhabenden Verhältnissen stammt und man dies ihrer Kleidung ansieht. Weil sie sich unsicher fühlt, sind auch ihre Leistungen nicht besonders gut. Beides zusammen trägt dazu bei, dass ihre Mitschüler sie lächerlich machen.

b) Sarah bewundert Bettina und Joshi, weil sie gut aussehen, gut gekleidet sind und als Paar gut zusammenpassen. Sie schämt sich etwas, weil sie zeitweilig in Joshi verliebt war und erkennen muss, dass er eher Mitleid für sie empfindet.

c) Sarah fühlt sich vom Leben benachteiligt, weil ihre Eltern ihr keine kostspielige Kleidung kaufen können. Dadurch kann sie ihrer Meinung nach nicht so hübsch aussehen wie andere Mädchen und sich nicht ebenso wie diese wohl in ihrer Haut fühlen. Sie glaubt aber, dass sie ein Recht darauf hat.

d) Sie will deutlich machen, wie sich ein Außenseiter fühlt und in welche Konflikte ein solcher Mensch geraten kann.

2

a) Es wird eine Lehre erteilt.

b) *So könnte das Ende der Geschichte lauten:*
Sarah blickte vorsichtig um sich. Hatte irgendjemand zugeschaut und Verdacht geschöpft? Die Verkäuferinnen an der Kasse waren mit Geldscheinen beschäftigt und damit, Waren in Tüten zu verpacken. Männliche und weibliche Kunden standen vor Spiegeln herum oder wühlten sich durch Kleiderstangen.
Keiner achtete auf sie. Und draußen strömten gleichgültige Menschen vorbei. Es war doch so leicht, einfach weiterzugehen. Warum ging sie denn nicht einfach weiter, nach draußen, in die Sonne? Warum musste sie denn zurück in die Kabine gehen, sich aus dem Hemdchen zerren und es an den Haken hängen? Warum zog sie denn jetzt das Sweatshirt wieder über? Und warum klopfte denn ihr Herz so schnell, als sie das Geschäft verließ?
Ihr Herz klopfte noch immer heftig, als sie schon im Bus saß. Und dann immer langsamer und immer ruhiger. „Gut gemacht, gut gemacht“ klopfte ihr Herz und Sarah seufzte.

3

1. i), 2. b), 3. e), 4. a), 5. c), 6. f), 7. g), 8. d), 9. h)

4

Dramatische Texte sind eigentlich keine Lesetexte, sondern sollen **auf einer Bühne, in einem Film oder in Form eines Hörspiels** von Schauspielern oder Sprechern umgesetzt werden.
Bei einer solchen Umsetzung wird in einem **beschränkten Zeitraum** ein Ereignis vor dem Publikum entwickelt, zu einem **Höhepunkt** gebracht und zu einem **wirkungsvollen Ende** geführt.
In traditionellen dramatischen Texten entfaltet sich die Handlung in **drei oder fünf Akten**, die wiederum in **Szenen** unterteilt sind. Es gibt jedoch auch **Einakter** oder **Sketche**, in denen sich das Geschehen in einem kürzeren Zeitraum zu einem Höhepunkt hin entwickelt.
Tragödien sind dramatische Texte, die den Untergang einer oder mehrerer Figuren zum Thema haben; in **Komödien** verwandelt sich eine zunächst verwickelte Ausgangslage zu einem guten Ende.
Die Handlung eines dramatischen Textes entfaltet sich in **Dialogen** (Zwiegesprächen) und **Monologen** (Selbstgesprächen). **Szenenanweisungen** geben an, wie man sich das Umfeld vorzustellen hat und in welcher Verfassung die handelnden Personen sind.

5

a) **Pia** **Also, ich verstehe das nicht. Jetzt habe ich drei SMS an ihn geschickt und er rührt sich einfach nicht. Wo steckt er bloß?**

Das Handy summt.

Pia **Na, endlich. Das ist er!**

…

Pia **Gibt's das? Hat der jetzt am Handy mit mir Schluss gemacht?**

b) Die Szenenanweisungen geben Auskunft über Pias Handlungen und Gefühle, die nicht aus den Sprechakten hervorgehen.

c) **Benni** Also, Pia, echt, du bist ein richtig guter Kumpel. Und wir können doch Freunde bleiben.

6

So könnte Pias Tagebucheintrag lauten:

Liebes Tagebuch,

so unglücklich war ich noch nie. Dass mir irgendein Mensch eine solche Enttäuschung zufügen kann! Benni hat mit mir Schluss gemacht – das ist schlimm genug. Aber er hat es am Telefon getan. Alles in mir schmerzt vor Zorn und Kummer und ich weiß nicht, was stärker ist. Belogen hat er mich auch noch: Die Steffi ist gar nicht seine Schwester!!! Und trotzdem fühle ich mich gedemütigt, weil er mir seine Freundschaft weiterhin angeboten hat. Ich konnte ihm noch nicht einmal sagen, dass ich auf eine solche Freundschaft gut verzichten kann. Und dann werde ich ihn morgen auch noch in der Schule sehen. Ich weiß nicht, wie ich das schaffen soll. Gute Nacht.

7

(1) b), (2) d), (3) a), (4) c)

8

Zum Beispiel: Beruhigung, Melancholie, Verträumtheit

9

a) a, b, b, a, c, c, a

b) Durch eine regelmäßige Abfolge von betonten und unbetonte Silben

Der Abend

Schweigt des Menschen laute Lust:
Rauscht die Erde wie in Träumen
Wunderbar mit allen Bäumen
Was dem Herzen kaum bewusst,
Alte Zeiten, linde Trauer,
Und es schweifen leise Schauer
Wetterleuchtend durch die Brust.

c) Vergleich: <u>wie in Träumen</u>
Personifikation: <u>schweigt</u> des Menschen laute Lust; <u>rauscht</u> die Erde
Lautmalerei: <u>rauscht</u> die Erde
Alliteration: und es <u>schweifen</u> leise <u>Schauer</u>
Metapher: <u>wetterleuchtend schweifen</u>

10

Heinrich Heines Text ist eine Ballade; in einem solchen Erzählgedicht wird von einem dramatischen Ereignis erzählt und deswegen steht die Handlung im Vordergrund. Dagegen ist Joseph von Eichendorffs Text ein Stimmungsgedicht, in dem eine Empfindung oder eine Atmosphäre beschrieben wird. Aus diesem Grunde haben die Gedichte auch unterschiedliche Wirkungen: Während der Leser durch die Gotteslästerung und den Mordfall in „Belsazar" erschreckt wird, empfindet man nach der Lektüre von „Der Abend" eher Beruhigung oder Melancholie. Man kann Heinrich Heines Ballade als eine Mahnung auffassen, in dem Gedicht „Der Abend" wird durch den Dichter eher ein Gefühl übertragen.

Test

1

a) Während Pia sehr munter und gesprächig ist, verhält sich Benni wortkarg, als ob er etwas zu verbergen hätte.

b) Pia ist in Benni verliebt und geht davon aus, dass sie mehr als eine freundschaftliche Beziehung haben. Der Titel „Gute Freunde" drückt aus, dass in diesem Gespräch ihre Erwartungen bitter enttäuscht werden; eine „gute Freundschaft" ist nur ein Vorwand für Bennis Absicht, mit Pia „Schluss" zu machen.

2

a) 2. Absatz: „In Englisch musste sie an die Tafel kommen ..."

b) Während Sarah jetzt die Treppe herunterging, **(äußere Handlung)**
dachte sie mit Schaudern daran, dass sie wirklich ein paar Wochen geglaubt hatte, dass Joshi sich für sie interessiert hätte, als er ihr immer die Matheaufgaben erklärte. So ein Schmarrn. Der Joshi, der von seiner Mutter im Porsche abgeholt wird und in den Ferien mit den Eltern in die Karibik fährt. Und sie, Sarah, mit dem arbeitslosen Vater und der Mutter, die im Supermarkt an der Kasse sitzt. **(innere Handlung)**

3

Die Zeitungsmeldung könnte folgendermaßen lauten:

König Belsazar – Opfer eines Mordanschlags

In der vergangenen Nacht erlag König Belsazar den Folgen eines heimtückischen Mordanschlags. Die Täter werden in dem Personenkreis von Gästen vermutet, die am Abend zuvor zusammen mit dem König einer Feier beiwohnten. Wie der Redaktion bekannt wurde, führte erheblicher Alkoholgenuss zu ausfallendem Verhalten des Königs. Möglicherweise steht dieses Verhalten in ursächlichem Zusammenhang zu seiner Ermordung.

4.10 Eine Textbeschreibung verfassen

1 und 2

Ausgangslage	1. Steigerungsstufe	2. Steigerungsstufe	3. Steigerungsstufe	Höhepunkt	Abfall der Handlung
b	f	a	c	d	e

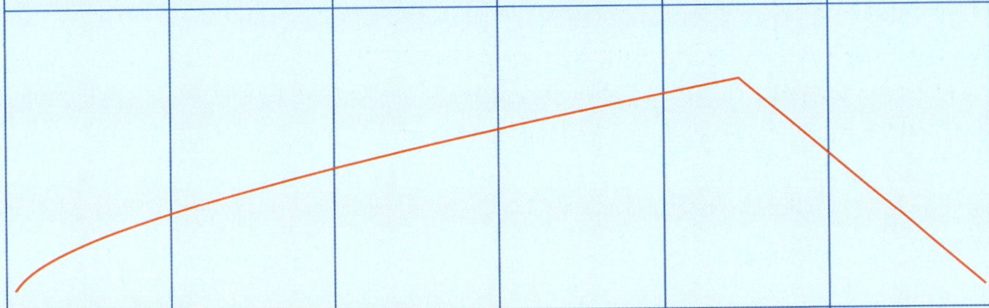

3

Einleitung: b)
Hauptteil: a), d), c), e), g)
Schluss: f)

4

a) blau unterstrichen: Fachbegriffe

b) rot unterstrichen: Gegensätzlichkeit der Handlungsträger

In dem kurzen dramatischen Text „Gute Freunde", der in der heutigen Zeit spielt, wird ein Telefongespräch zwischen den beiden Jugendlichen Pia und Benni wiedergegeben. Aufgrund der Szenenanweisungen erfährt der Leser, dass der Schauplatz der Handlung Pias Zimmer ist, in dem sie innerhalb von wenigen Minuten eine große Enttäuschung erlebt, weil Benni mit ihr „Schluss macht."

Zu Beginn der Handlung ist Pia sehr erwartungsvoll, denn ihr Freund Benni will sie an diesem Abend seinen Freunden vorstellen. Aufgrund der Szenenanweisungen wissen wir, dass sie sich für den Anlass schöngemacht hat und nun ungeduldig auf Bennis Anruf wartet.

Als ihr Freund sich meldet, sprudelt Pia ganz spontan ihre Gefühle heraus. Sie erzählt von ihrer Freude und von ihren Ängsten und scheint gar nicht zu merken, dass Benni im Gegensatz zu ihr sehr einsilbig und zurückhaltend ist. Dieses unterschiedliche Gesprächsverhalten zu Beginn der Szene zeigt schon recht deutlich, dass etwas zwischen den beiden nicht in Ordnung ist und man ahnt, dass das Gespräch für Pia nicht gut ausgehen wird, was eine Spannung erzeugt.

Diese wird verstärkt, als Benni seine Stiefschwester Steffi erwähnt. Für Pia ist sie „nur" seine Schwester, aber Bennis umständliche Gesprächsbeiträge, die jetzt etwas ausführlicher sind, zeigen, dass er Pia auf eine unangenehme Nachricht vorbereiten möchte. Erst als Benni mit der „Sprache herausrückt" und deutlich macht, dass Steffi eigentlich gar nicht mit ihm verwandt ist, ahnt Pia, dass Steffi wesentlich mehr für Benni ist als seine „Stiefschwester".
Hier wendet sich Handlung: Pia wird stiller, Benni gesprächiger. Höhepunkt des Gesprächs ist, als Benni die Veränderung seiner Beziehung zu Pia damit mildern möchte, dass er sie als „Kumpel" bezeichnet und ihr vorschlägt, „gute Freunde" zu bleiben.
In ihrer Fassungslosigkeit wird Pia nun völlig stumm, während Benni ins Leere redet. Nach diesem Höhepunkt fällt die Spannungskurve ab. Man verfolgt noch, wie Pia die Situation zu begreifen und zu bewältigen versucht, indem sie aus dem Fenster starrt und später aus dem Zimmer rennt. Das nun ausgeschaltete Handy und die zerstörte Frisur sind Zeichen der Gegensätzlichkeit im Vergleich zur Ausgangslage.
Die kurze Szene zeigt eine mehrfache Enttäuschung. Denn nicht nur, dass Pias Beziehung zu Benni beendet wird und sie mit dem Verweis auf gute Freundschaft abgespeist wird, ist für sie bitter. Vor allem, dass dies am Telefon geschieht und sie innerhalb von wenigen Minuten alle Hoffnungen begraben muss, ist ein Augenblick, der wohl im Leben vorkommen kann, den man aber lieber nicht erleben möchte.

5

1. Steigerung	Belsazar begeht mit Worten Gotteslästerung
2. Steigerung	Belsazar lässt den Tempel schänden und betreibt durch Taten Gotteslästerung
Höhepunkt	Die unheimliche Schrift an der Wand führt zu allgemeinem Erschrecken
Abfall der Kurve	Die Weisen können die Schrift nicht deuten
Schluss	Belsazar wird ermordet

Test

1

Anblick: funkeln, leuchten, gülden, schäumend, weiß, schreiben, schwinden, stier, schlottern, totenblaß

Geräusch: klirren, jauchzen, klang, wild lästern, brüllen, laut rufen, kunden (verkünden), grauses (Wort), verklingen, gellend, verstummen, leichenstill, keinen Laut geben

2

So könnte deine Textbeschreibung lauten:

Schon im gesamten ersten Absatz der Geschichte wird deutlich, dass Sarah sich allein und ungeborgen fühlt. Selbst nach einem unerfreulichen Schultag ist es für sie keine Erholung, nach Hause zu kommen, denn sie wird von niemandem erwartet und die Ankunft ihres Bruders bedeutet eher ein Ärgernis als eine Freude. Im zweiten Absatz erfahren wir auch, dass es Sarah in ihrem Schulleben nicht leicht hat, was zum Teil auch daran liegt, dass sie sich in ihrer Kleidung nicht wohlfühlt.

Bettina und Joshi dagegen sind nicht allein, sie sind ein Paar. Während Sarah allein an der Tafel bestehen muss, können sie miteinander flüstern und, wie Sarah vermutet, über sie lachen. Sie gehen zärtlich miteinander um und wirken auf andere als ein „Traumpaar".

Bettina hat auch keine Probleme mit ihrer äußeren Erscheinung. Wir erfahren im dritten Absatz, dass sie schöne Haare hat und öfters neue Kleidung bekommt. Außerdem kann sie sich mit Statussymbolen wie mit einem Fotohandy schmücken und damit Eindruck bei den Klassenkameraden machen. Bei dieser Gelegenheit muss Sarah wieder ihre Außenseiterstellung erfahren, weil man von ihr noch nicht einmal glaubt, dass sie mit einem Handy umgehen kann.

Im vierten Absatz wird deutlich, dass Sarah auch aus anderen sozialen Verhältnissen stammt: „Und sie, Sarah, mit dem arbeitslosen Vater und der Mutter, die im Supermarkt an der Kasse sitzt." Dagegen stammen Joshi und Bettina offensichtlich aus wohlhabenden Familien.

Diese Gegensätzlichkeiten werden auch noch durch einen weiteren Unterschied ergänzt: Sarah findet Joshi attraktiv und bewundert seine „wunderschönen braunen Augen". Sie hat wohl gehofft, dass auch er sich für sie interessieren könnte. Aber sie muss erkennen, dass sein Interesse im besten Fall Mitleid war.

Diese Gegensätzlichkeiten, die im ersten Teil der Geschichte deutlich werden, machen es leichter verständlich, dass Sarah in die Versuchung gerät, einen Ladendiebstahl zu begehen.

Quellenverzeichnisse

Abbildungen

S. 47 a)	Bilderberg, Fotoagentur, Hamburg
S. 47 b)	Bildagentur Mauritius GmbH, Mittenwald
S. 47 c)	Klett-Archiv (J. v. d. Lühe-Tower)
S. 51	Klett-Archiv (J. v. d. Lühe-Tower)
S. 56	M. C. Escher's „Drawing Hands" © 2005 The M. C. Escher
S. 58	Klett-Archiv (J. v. d. Lühe-Tower)

Texte

S. 125 f.	Heinrich Heine „Belsazar" aus: Dr. O. von Heesen (Hrsg.): „Welt des Lesens", Arbeitsbuch für den Deutschunterricht, Stam Verlag, Köln 1989
S. 135	Joseph von Eichendorff „Der Abend" aus: Deutsche Dichtung in Epochen, Metzlersche Verlagsbuchhandlung, Stuttgart 1989

Sachregister

Die neue Wissensreihe mit dem Stoff, den der Schüler wissen muss:
Dreifach zum Erfolg
- im Buch werden für die Klassenarbeit relevante Themen auf jeweils einer Doppelseite erklärt.
- Mit den passenden Karteikarten kann der Schüler sein Wissen selbst testen.
- „Spickzettel“ bieten einen Überblick über alle Inhalte, die der Schüler auch im nächsten Jahr noch wissen muss.

Wissen ok! Deutsch Gymnasium
7./8. Schuljahr
128 Seiten
+ 16 Karteikarten
ISBN 978-3-12-926010-4
€ 9,95

Wissen ok! Deutsch Realschule
7./8. Schuljahr
128 Seiten
+ 16 Karteikarten
ISBN 978-3-12-926012-8
€ 9,95

Wissen ok! Englisch Gymnasium
7./8. Schuljahr
128 Seiten
+ 16 Karteikarten
ISBN 978-3-12-926015-9
€ 9,95

Wissen ok! Englisch Realschule
7./8. Schuljahr
128 Seiten
+ 16 Karteikarten
ISBN 978-3-12-926016-6
€ 9,95

Wissen ok! Mathematik Gymnasium
7./8. Schuljahr
128 Seiten
+ 16 Karteikarten
ISBN 978-3-12-926013-5
€ 9,95

Wissen ok! Mathematik Realschule
7./8. Schuljahr
128 Seiten
+ 16 Karteikarten
ISBN 978-3-12-926014-2
€ 9,95

Klett